차트교회사

로버트 C. 월턴 著
고　덕　상譯

기독교문서선교회

Chronological and Background Charts of Church History

by
Robert C. Walton
translated by
Dok-Sang, Ko

1990
Christian Literature Crusade
Seoul, Korea

추 천 서

현시대는 세속역사와 거룩한 역사 모두의 가치를 무시하는 시대이다. 로마의 대철학자 키케로(Cicero)는 말했다. "자기 탄생 이전의 과거에 대하여 아무것도 모르는 사람들은 지난 과거의 귀한 지혜 없이도 현시대를 살고있는 어린아이와 같은 운명이다"라고 또한 산타야나(Santayana)는 과거를 잊어버리거나, 과거를 경시하는 사람들의 운명은 과거의 현상 유지만 할 뿐, 어떠한 발전이 있을 수 없다고 확신했다.

위의 경고들은 이 책에서 제시된 차트와 도표의 유익을 보아야 하는 여러분들에게 해당되어져서는 안된다. 교회사는 시간적으로 거의 2000년에 걸쳐있고, 그 활동배경도 전세계적이기 때문에 자료들이 상당히 복합하다. 저자는 어떤 자료가 학생들에게 유용하고, 또 교회사 속에서 유용한지를 쉽게 드러내게 하기 위해서 일목요연한 차트와 도표를 사용하고 있다.

이 책은 신학교 교회사 강의의 유용한 부교재로서 교회사를 연구하는 자에게 연구대상, 시기, 장소, 방법 등에서 여러 정보를 제공해 줄 것이다. 또한 교회사의 주요 자료를 간단히 개관하고픈 일반 독자들에게도 매우 유용하리라고 본다.

얼리 E. 캐언스(Earle E. Cairns)

목 차

서 문
추천서

Ⅰ. 고대교회(~476년)

1. 예수님 사후의 12사도/7
2. 초대 기독교의 상징들/8
3. 속사도 교부/9
4. 2세기 변증가/10
5. 변증가의 주장/11
6. 3세기 교부/12
7. 신약성경의 정경화과정/14
8. 신약성경 정경화과정에서 의문시되었던 성경들/15
9. 니케아 이전시대의 이단/16
10. 로마의 기독교 박해/17
11. 니케아와 후기 니케아 교부/18
12. 감독권의 발달(5세기까지)/21
13. 로마 주교의 우위권 확립에 기여한 요인/22
14. 고대교회의 주요 교리논쟁/23
15. 고대교회의 삼위일체론 이단/24
16. 고대교회의 기독론적 이단/25
17. 펠라기우스 논쟁/26
18. 초대교회의 종교회의/27

Ⅱ. 중세교회(476~1517년)

19. 야만족의 개종/28
20. 교회와 국가, 754~1309/29
21. 중세 초기 교회 지도자/30
22. 1054년 동서교회 분열의 주요 원인/32
23. 십자군/33
24. 회교정복과 십자군—비교/34
25. 하나님 존재의 증명— 토마스 아퀴나스의 5가지 방법/35
26. 스콜라 신학/36
27. 대 수도단/38
28. 중세의 반대자들과 이단/40
29. 교황권의 대분열(1378~1417)/42
30. 중세 에큐메니칼 회의/43
31. 종교개혁의 선구자/44

Ⅲ. 종교개혁(1517~1648년)

32. 4인의 대종교개혁자/45
33. 기타 독일 종교개혁가/46
34. 기타 스위스 종교개혁가/47
35. 급진적 종교개혁/48
36. 영국 종교개혁가/49
37. 영국 청교도/50
38. 가톨릭 반동종교개혁의 지도자/52
39. 프랑스 위그노의 지도자/54
40. 종교개혁 시대의 종교전쟁/55
41. 신학적 잇슈(Ⅰ) 개신교 대 가톨릭/56
42. 신학적 잇슈(Ⅱ) 루터파 대 개혁파/57
43. 신학적 잇슈(Ⅲ) 칼빈파 대 알미니안파/58
44. 개신교 교파 가계/59

Ⅳ. 근대 유럽교회(1648년~)

45. 영국 이신론자(理神論者)와 그 대항자/60
46. 독일 경건주의와 영국 감리교—비교/62
47. 존 웨슬레와 조지 휫필드—대조/63

48. 기타 유럽의 부흥사/64
49. 영국의 복음적·사회적 개혁자/65
50. 독일 자유주의 신학자/66
51. 현대 가톨릭 종교회의/68
52. 세계 교회 협의회(WCC)의 발전/69

Ⅴ. 미국교회(1607년~)

53. 13개 식민주의 종교상황/70
54. 미국내 종교 유토피아 공동체/71
55. 미국 청교도/72
56. 제1차 대각성운동의 지도자/74
57. 미국 독립을 지지하는 교파들의 이유/76
58. 미국 독립을 반대하는 교파들의 이유/77
59. 제2차 대각성운동의 지도자/78
60. 19세기 복음적 사회 개혁운동/80
61. 노예제 폐지로인한 교단 분열 형태/81
62. 19세기 미국 이단들/82
63. 19세기 말—20세기 부흥사/84
64. 미국 세대주의 전파의 지도자/85
65. 계약(언약) 사상과 세대주의와의 비교/86
66. 현대자유주의 대 근본주의와의 논쟁 때문에 생긴 교파분열/87
67. 20세기 장로교의 주요인물/88
68. 미국 장로교 계보/90
69. 미국 침례교 계보/91
70. 미국 루터교 계보/92
71. 미국 감리교 계보/93
72. 미국 개혁주의와 회중교회의 계보/94
73. 미국 오순절 계보/95
74. 미국 메노나이트 계보/96
75. 몰몬교 계보/97
76. 미국 예수재림교 계보/98

Ⅵ. 기타 교회사 참고자료

77. 조직신학과 교회사의 평행구조/99
78. 교황명부[로마 가톨릭 공인]/100
79. 개신교 선교사/102
80. 가톨릭 선교사/104
81. 기독교의 아프리카 토착화운동/105
82. 영어성경 번역본/106
83. 개신교 교회사가/108
84. 교회사의 진자운동/109
85. 세기별 주요사건/110
86. 세계 기독교 통계표/112

—부록— 한국교회사 고 덕 상 編著

87. 한국교회의 시대분류[개관]/115
88. 초기 선교사의 활동/116
89. 주요 선교 단체들의 선교 구역 분계도/118
90. 초기 한국 장로·감리교회의 형성/119
91. 1907년 평양 대부흥운동/120
92. 한국교회와 민족주의운동과의 연계/121
93. 3·1운동과 105인 사건의 기독교인/122
94. 1930년대 특징적 신앙인물/123
95. 30년대의 신비주의와 이단과의 연계/124
96. 한국 기독교회사 최초의 기록/125
97. 한국 기독교의 성경 발행/126
98. 한국 기독교의 찬송가 발행/127
99. 한국 개신교 초기 선교잡지/128
100. 한국기독교 청년·학생운동 계보/129
101. 한국 장로교 분파계보도/130
102. 한국 주요 교단 및 신학교의 계보/131
103. 한국 종교인구 분포 및 종교별 교세현황/132
104. 한국 종교인구 현황/133
105. 한국 개신교회의 교파별 교세현황/134

서 문

이 자료 모음집은 두 가지 목적으로 고안되었다. 첫째는 교회사 연구에 나오는 모든 사실적 정보를 조직화하고 쉽게 사용하는 것이다. 나는, 교회사 교수로서 큰 도전을 받았는데, 그것은 굉장히 많은 역사 자료들을 어떻게 축소화시키고 조직화시켜서 내가 담당한 학생들에게 제시하느냐 하는 점이었다. 그 점에서 이 책은 계단공과식의 교재로서 문장을 대폭 축소화시켜서 차트로 제시하였다. 그 결과, 이 책은 학생과 교사들에게 많은 양을 고생하며 읽지 않아도 기본지식에 쉽게 접근할 수 있게 해 줄것이며, 또한 카테고리화된 자료 배열로서 일목요연하게 만들어 주리라고 생각한다.

둘째 목적은 자료의 해석과 제시에 있다. 이 책의 많은 차트들을 내가 강의하면서 습득된 것들인데, 나는 이 차트들이 다른 교사들이나 학생들에게 어떤 역사적 해석을 제공하거나, 복잡한 사안을 압축시켜 쉽게 파악하는데에 도움이 되게끔 만들었다.

여기에 제시된 교회사는 선별적이기 때문에 다소간 내 주관이 많이 개입되어 있다. 그러나 이 자료선별 과정에서 행한 나의 주관적 선택은 오직 독자들을 염두에 두면서 한 것임을 부연해 두고 싶다. 나는 여러 독자들이 이 책을 잘 이해하고, 더 나아가 현실에 잘 적용시켜서 세계속에서 일하시는 하나님의 연대기인 교회사를 진정으로 연구하는데에 보탬이 되었으면 한다.

1. 예수님 사후의 12사도

사 도	성 령	전 승
시몬 베드로	· 오순절날 설교를 함. · 성문 곁의 앉은뱅이를 고침. · 산헤드린의 박해를 견딤. · 아나니아와 삽비라, 시몬 마구를 꾸짖음. · 죽은 도르가를 살림. · 이적적으로 감옥에서 풀려남. · 안디옥에서 바울로부터 비난받음. · 2개의 신약서신을 기록.	· 브리튼(영국)과 가울지방(프랑스)을 방문. · 네로황제 박해 때 로마에서 거꾸로 십자가형을 당함(A. D. 64-68)
안 드 레		· 스구디아, 소아시아, 희랍에서 설교한 것으로 추정. · 아가야의 파트라에서 십자가형 받음.
세베대의 아들 야고보	· 헤롯 아그립바 1세에 의해 순교당함.	
요 한	· 성전에서 앉은뱅이 치료시 베드로와 함께 있음. · 사마리아에서 행한 빌립의 사역을 이음. · 노년에 밧모섬으로 추방당함. · 복음서, 3개의 서신서, 계시록을 기록.	· 에베소에서 사역. · 초기 영지주의자 케린투스를 비난. · 약 100년경 에베소에서 늙어서 죽음.
빌 립		· 소아시아 히에라폴리스에서 십자가형을 받아서 순교함.
마 태	· 복음서 기록.	· 그의 활동지역이 이디오피아, 파르티아, 페르샤 또는 마게도냐 등 이었을 가능성.
도 마		· 바벨론에서 설교했다고 함. · 초기 강력한 전승에 의하면 인도에서 교회를 세웠고 그 곳에서 순교당했다고 함.
바 돌 로 매		· 빌립과 함께 히에라폴리스로 갔다고 함. · 아르메니아 지방 사역후 순교당함.
알패오의 아들 야고보		· 초기 전승에 보면 예수님의 동생 야고보와 계속 혼동되었음. · 아마도 시리아에서 사역했을 것임.
다 대 오		· 가끔 예수님의 형제, 유다와 혼동됨. · 에뎃사에서 사역했다고 함.
열심당원 시몬		· 페르시아, 애굽, 카르타고, 브리튼 등지에서 다양하게 활동.
가 롯 유 다	· 예수님을 배반한 후 목매어 자살.	

2. 초대 기독교의 상징들

상 징	의 미
알파-오메가(A-Ω)	· 그리스도의 영원성
닻	· 믿음
빵과 술	· 성찬-그리스도의 죽음
키-로(X-P)	· "그리스도"($X\rho\iota\sigma\tau o s$)의 희랍어 첫 두글자
십자가	· 그리스도의 죽음
비둘기	· 그리스도의 세례시 임한 성령
불	· 오순절날 강림한 성령
물고기	· 물고기는 잋두스($IX\Theta\Upsilon\Sigma$)인데 "예수 그리스도, 하나님의 아들, 구세주"('$I\eta\sigma o\hat{u}$ $X\rho\iota\sigma\tau\acute{o}s$, $\theta\epsilon o\hat{u}$ $\upsilon\iota o s$, $\sigma\omega\tau\acute{\eta}\rho$)의 첫 문자들이다. · 5,000명을 먹인 물고기 두 마리 · "사람 낚는 어부들"
양	· 그리스도의 자기희생(제물)
목자	· 자기 백성을 돌보시는 그리스도
배	· 교회(노아의 방주 ; 세례 참조)
포도주	· 그리스도와 그의 백성과의 하나 됨 · 성찬에 쓰이는 술

3. 속사도 교부

이 름	활동시기	사역지	저 서	주 요 사 항
로마의 클레멘트 Clement of Rome	약 30 – 약 100년	로 마	· 제1클레멘트	· 가톨릭교회에서는 제4대 교황으로 간주. · 아마도 빌립보서 4 : 3에 언급된 인물로 추정. · 도미티안 황제 치하 때 순교 당함. · 그의 서신은 사도적 전승을 강조
이그나시우스 Ignatius	117년	시리아의 안디옥	· 에베소인들에게 · 마그네시아인들에게 · 트로이인들에게 · 로마인들에게 · 빌라델비아인들에게 · 서머나인들에게 · 폴리갑에게	· 그의 서신들은 로마로 순교하러 압송되어 가는 중에 기록. · 죽으러 가지만, 기쁜 마음으로 저술했다 함. · 처음으로 주교와 장로를 구분. · 영지주의적 이단을 반대. · 트라얀 황제 치하 때 순교
헤르마스 Hermas	1세기말– 2세기초	로 마	· 목자서	· 클레멘트와 동시대인. · 환상과 비유에 대한 책 저술. · 노예 출신으로 추정. · 유대인으로 추정.
알렉산드리아의 바나바 Barnabas of Alexandria	1세기말– 2세기초	알렉산드리아	· 바나바 서신	· 알렉산드리아 출신 유대인으로 추정. · 필로의 알레고리 해석방법에 익숙.
파피아스 Papias	약 60 – 약 130년	히에라폴리스	· 우리 주님의 말씀	· 사도 요한과 친분이 있음. · 종말론은 전천년설의 입장. · 마가복음서가 「베드로의 어록」에 기초했다고 주장. · 마태복음서가 원래 아람어로 기록되어진 것이라고 주장.
폴리갑 Polycarp	약 69 – 160년	서머나	· 빌립보서신	· 사도 요한과 친분이 있음. · 이그나시우스의 서신들을 모으고 보존. · 마르시온을 "사탄의 큰 아들"이라고 공격했다고 전해짐. · 안토니우스 파이우스 황제 때 순교.

4. 2세기 변증가

이 름	활동시기	사역지	저서(*=분실)	주 요 사 항
콰드라투스 Quadratus	2세기 초	아테네	·변증서*	·아테네의 감독. ·하드리안 황제에게 자신의 변증서를 헌정. ·기독교를 유대교와 이방종교와 비교.
아리스티데스 Aristides	2세기 초	아테네	·변증서*	·하드리안 황제에게 자신의 변증서를 헌정. ·매우 강한 바울적 특성이 보임.
순교자 저스틴 Justin Martyr	약 100-165	팔레스틴 에베소 로마	·제1변증서 ·제2변증서 ·유대인 트리포와의 대화 ·이단에 대해서* ·마르시온에 대해서*	·철학수업을 받음. ·순회하는 평신도 교사였음. ·개인적으로 마르시온을 반대. ·로고스 기독론 개념을 발전. ·예언과 이적과 윤리에 기초하여 기독교를 변호. ·로마에서 참수형 당함.
타티안 Tatian	110-172	앗수르 시리아 로마	·디아테사론 (4복음서) ·희랍인들에게	·저스틴의 제자. ·타종교에 비해서 기독교의 우월성을 변증. ·최초로 복음서들간의 상호조화성을 강조. ·후에 영지주의로 전향. ·그의 추종자들은 후에 「엥크라테이아 파」(Encratites)로 불리워짐.
아테나고라스 Athenagoras	2세기	아테네	·변증서 ·죽은 자의 부활에 관하여	·플라톤 추종자였음. ·고전적 문체로 저술.
테오빌루스 Theophilus	181	안디옥	·아우톨리쿠스에게	·이교철학에 대하여 철저히 논쟁을 한 사람. ·안디옥의 감독.
멜리토 Melito	190	사르디스	·약 20권 정도였으나 다 분실됨	·사르디스의 감독. ·「십사일교도」(Quartodecimans) 관습의 옹호자. ·구약에 관한 초기 기독교 저술 목록을 작성.
헤게시푸스 Hegesippus	2세기	시리아 그리스 로마	·연대기*	·회심한 유대인 출신. ·초대교회의 순수성과 사도적 계승을 입증하기 위하여 초대교회에 관한 자료를 수집함. ·모든 이단들의 책임을 유대교로 돌림.

5. 변증가의 주장

유대교 : 기독교	변증가들의 답변
· 기독교는 유대교의 변형된 한 형태일 뿐이다.	· 유대교 율법은 본질상 일시적인 것이고, 강조점은 새언약의 영원성에 있다.
· 십자가에 비참하게 못박혀 죽은 한 목수가 결코 구약에서 예언된 메시야일 수가 없다.	· 구약은 메시야의 수난과 영광을 동시에 예언한다.
· 그리스도의 신성은 하나님의 단일성에 모순된다.	· 구약은 하나님의 단일성 안에서 위격(位格)의 다양성을 말하고 있다.
유대교에 대한 변증가들의 변증	
· 구약예언은 그리스도에서 완성되었다.	
· 구약의 모형은 그리스도를 지칭한다.	
· 예루살렘의 파멸은 하나님께서 유대교를 정죄하고, 기독교를 옹호한다는 것을 보여준다.	

이교 : 기독교	변증가들의 답변
· 부활교리는 어리석은 것이다.	· 복음서에 증인들이 있다. · 제자들에게 끼쳐진 영향력이 깊다. · 자연의 순환에서도 이와같은 유비를 볼 수 있다(예, 4계절)
· 성경에서 상호 모순되는 것이 많다.	· 타티안의 「디아테사론」[1]에서 볼 수 있듯이 조화가 모순을 해결해준다.
· 무신론이 넓게 인정되고 있다.	· 심지어 플라톤조차도 보이지 않는 하나님을 인정했다.
· 기독교는 한 범죄자를 경배한다.	· 오히려 예수의 재판자체가 불법이다.
· 기독교는 일시적인 것이다.	· 기독교는 모든 영원한 것을 위해서 준비되었다. · 모세는 이교철학자보다 앞서서 존재했었다.
· 기독교에는 애국심이 없다.	· 기독교인은 양심에 위배되지 않는한 모든 법에 복종한다.
· 기독교인들은 근친상간과 인육식을 즐긴다.	· 기독교인의 삶의 형태 특히, 순교자들의 예를 잘 살펴보라.
· 기독교는 사회를 파괴한다.	· 자연재앙은 거짓 우상숭배에 대한 참된 하나님의 심판이다.
이교사상에 대한 변증가들의 변증	
· 이교사상가들은 그들의 개념을 모세와 예언자들로부터 표절했다.	
· 다신론은 철학적으로도 어리석고 또한 도덕적으로도 타당치 못하다.	
· 이교 사상가들 역시 서로 상이한 주장을 한다.	
기독교를 위한 변증가들의 변증	
· 이교 사상가들에게서 발견되는 모든 진리는 실상 기독교를 지향하고 있고, 또한 기독교로부터 파생되고 있다.	
· 그리스도, 사도들 또한 다른 기독교인들에 의해서 수행되어진 이적들이 바로 이 진리를 입증한다.	
· 수많은 반대에도 불구하고 기독교가 널리 전파되었다는 점만 보아도 기독교의 진리됨이 증명된다.	
· 기독교만이 인간의 깊은 욕구를 충족시킬 수 있다.	

역자주[1] 타티안(타티아누스)의 「디아테사론(Diate ssaron)」은 5세기까지 시리아 교회에서 사용되던 4복음서로부터 편집한 그리스도 생애의 역사이다.

6. 3세기 교부

이 름	시기	사역지	저작집(*=분실)	주 요 사 항
이레니우스 Irenaeus	2세기 말	서머나 가울	· 이단논박 · 하나님의 연합성과 악의 기원에 관하여	· 폴리갑 밑에서 연구. · 선교사 겸 변증가. · 영지주의에 대한 강력한 반대자. · 전천년설 주장. · 리용의 주교. · 리용에서 순교당했다고 함
클레멘트 Clement	약 150 – 약 215	알렉산드리아 안디옥 예루살렘	· 헬라인들에 대한 설교 · 가정교사 · 잡록[1]	· 철학공부를 함. · 성인 때 회심. · 로고스를 강조. · 성경을 알레고리(비유적)로 접근. · 가장 오래된 찬송시 인 "선한 목자"를 작시.
터툴리안 Tertullian	약 160 – 약 220	카르타고	· 이단에 대한 규정 · 마르시온에 대항하여 · 프락세우스에 대항하여	· 로마군 장교의 자녀로 태어남. · 법학공부. · 중년 때에 회심. · 200년경에 몬타누스파에 가담. · 삼위일체교리에 대한 기초작업을 함.
히폴리투스 Hippolytus	약 170 – 약 236	로마	· 필로소퓨메나 (분실된 유명한 주석)	· 이레니우스 밑에서 공부. · 동시대의 로마주교를 반대. · 알레고리 해석방법을 사용. · 사르디니아에서 유배되어 죽음.

역자주[1] 잡록($\sigma\tau\rho\alpha\mu\alpha\tau\epsilon\iota s$)은 "잡동사니를 집어 넣는 가방"이란 뜻으로 헬라철학에 대한 변증서이다.

3세기 교부들(계속)

이 름	시기	사역지	저작집(*=분실)	주 요 사 항
율리우스 아프리카누스 Julius Africanus	160-240	팔레스틴	·연대기	·오리겐 밑에서 공부. ·자신의 역사적 해석방법으로 창조부터 당대 221년까지를 설명함.
오리겐 Origen	185-254	알렉산드리아 케사레아	·헥사플라[2] ·켈수스에 반대하여 ·원리들	·그의 부친 레오니다스가 202년에 순교 당함. ·클레멘트 밑에서 공부. ·203년 교리가로서 클레멘트를 계승. ·성경의 알레고리 해석법의 우월성을 조리있게 설명. ·극도의 금욕주의자. ·그의 적들에 의해서 교회로부터 추방 당함. ·로마인의 고문에 의해서 사망.
키프리안 Cyprian	200-258	카르타고	·교회의 일치 ·드 랍시스[3]	·수사학을 배움. ·245년에 회심. ·247년 카르타고의 주교. ·터툴리안의 영향을 받음. ·주교의 권위를 강조. ·박해로 신앙이 흔들리는 자들에 대항하여 단호하게 대처. ·발레리안 황제 치하에서 순교.
그레고리 사우마트르고스 Gregory Thaumaturgos	213-270	팔레스틴 소아시아	·신앙선언 ·오리겐 송덕문	·오리겐을 통하여 회심하고 그 밑에서 배움. ·경이로운 사역자로 알려짐. ·신카사레아(Neo-Casarea)의 주교.

역자주[2] 6개의 헬라어 번역본의 구약성경들을 히브리 원문과 함께 편집한 작품.
역자주[3] 교회의 순결성을 강조한 책.

7. 신약성경의 정경화 과정

시 대	성 격	추정시기	수납 근거	수납된 성경들	의문시되는 성경들
사도적 교부시대	심각한 논쟁이 없음 공식적인 선언이 없음	100-140	·사도적 교부들의 인용문들	·4복음서 ·바울서신들 (체계화되지 않은 상태)	없음
영지주의의 반대시대	정경에서 영지주의적 요소를 제거한데 대한 반발 (특히, 마르시온의 저술들)	140-220	·교부들의 인용문 ·무라토리안 정경 (180년) ·진리의 복음 (영지주의적)	·4복음서 ·사도행전 ·13개 바울서신 ·베드로전서 ·요한1서 ·유다서 ·계시록	·히브리서 ·야고보서 ·베드로후서 ·요한2, 3서 ·헤르마스의 목자 ·디다케 ·베드로계시록
최종 결집 시대	대체로 4세기 말에 합의	220-400	·오리겐	·4복음서 ·사도행전 ·13개 바울서신 ·베드로전서 ·요한1서 ·요한계시록	·히브리서 ·야고보서 ·베드로후서 ·요한2, 3서 ·유다서 ·헤르마스의 목자 ·디다케
			·유세비우스	·4복음서 ·사도행전 ·14개 바울서신 ·베드로전서 ·요한1서	·야고보서 ·베드로후서 ·요한2, 3서 ·유다서 ·요한계시록 ·헤르마스의 목자 ·디다케
			·아다나시우스(367년의 부활절 서신-동방교회에서 채택)	·현재의 성경	
			·로마회의(382년-서방교회에서 최종 채택	·현재의 성경	
			·카르타고 회의(397년-전체 교회에서 채택)	·현재의 성경	

8. 신약성경 정경화 과정에서 의문시되었던 성경들

의문시된 성경	채택 하려는사유	배척 하려는사유	결과
히브리서	·동방교회에서 바울적이라고 보았기에.	·서방교회에서 비바울적인 위조서라고 보았기에.	채택
야고보서	·동방교회에서 원저자의 작품이라고 보았기에.	·서방교회에서 그 저작권을 의심했기에.	채택
베드로후서	·베드로 저작권 때문에.	·베드로후서 2장과 유다서 사이의 유사성이 의심스러웠기에.	채택
요한2, 3서	·요한 저작권 때문에.	·초기 저술들에서는 인용이 없기에.	채택
유다서	·사도적 저작권에 대한 초기의 인용 때문에.	·저작권이 의심스러웠기에.	채택
요한계시록	·요한의 것으로 폭넓게 인정되어 졌기에.	·유세비우스가 요한의 저작설을 강력히 의심했기에.	채택
헤르마스의 목자	·환상이 하나님으로부터 왔고 내용이 교화적이기에.	·비사도적 근원이며. ·후기의 것이기에.	배척
디다케	·진짜 사도적 전통의 기록이므로.	·확실하지 못한 근원 때문에. ·후기의 것이기에.	배척
베드로계시록	·베드로의 저작설이 의심스러웠지만 그 내용이 요한계시록과 유사하기에.	·저작자의 진정성이 의심스러웠기에.	배척

9. 니케아 이전시대의 이단

이 단	주요 교사	역사적 지식	특징적 가르침
에비온주의 (엘케사이터, 만데안주의)		· 1세기말 팔레스틴에서 시작되어 후에 소아시아 지방까지 확산. · 대체로 유대적 기독교인으로 구성됨. · 히브리어로 된 마태복음서가 사용됨.	· (구원에 필요한) 모세법의 보편성을 가르침. · 바울에 대한 반감을 드러냄. · 예수는 메시야이지만, 수세시에 성령이 임했던 한 인간에 불과함. · 곧 닥쳐올 천년왕국을 고대함.
영지주의	시몬 마구(1세기) 캐린투스(1세기말) 바실리데스(2세기초) 새터니우스(2세기초) 마르시온(160년) 발렌티누스(160년) 타티안(110-172년)	· 이교철학, 특히 플라톤 사상에 뿌리둠. · 동양 신비주의의 영향을 받음. · 대중에 영향력이 적고, 오히려 교회지도자들에게 큰 영향력을 행사함. · 로마제국 전역에서 나타남. · 매우 유치한 단계에서 매우 고상한 단계로 경배함. · 교회로 하여금 신앙규칙과 신약정경을 확정하게 함. · 교회로 하여금 진리의 보고로서 사도적 계승을 강조하게 하는 원인이 됨.	· 자신들을 높은 지혜(영지)의 소유자로 인식. · 자신들은 영적존재이고, 다른 이들은 육적존재로 인식. · 물질을 악하다고 가르침. · 영지(지혜)에는 상하위계질서가 있음. · 감각주의나 혹은 금욕주의를 파생시킴. · 이원론적. · 구약과 유대주의를 배격. · 알레고리해석법 채택. · 데미우르게(여호와)에 의해서 세상이 창조됨. · 그리스도의 몸은 실제가 아닌 환상임.
몬타니즘	몬타누스(2세기) 프리실라(2세기) 막시밀라(2세기) 터툴리안(160-220)	· 프리지아에서 시작. · 후에 로마와 북부아프리카에까지 확산.	· 금욕주의적. · 천년왕국주의적. · 천년왕국의 임박성 강조. · 방언구사. · 교리면에서는 다소 정통주의적임. · 자신들은 영적이고 다른 이들은 다 육적인 존재라고 생각. · 선지자적 계시가 계속된다고 주장. · 신자의 만인제사장설을 주장. · 어떤 종류이건간에 예술을 반대. · 순교를 추구.
마니교	마니(215-277)	· 페르시아에서 기원. · 조로아스터교의 많은 요소를 포함. · 마니는 산채로 껍질이 벗겨져서, 페르시아 성문에서 교수형 당했음 · 어거스틴은 초기에 마니교였음. · 후기의 바울파, 보고밀파, 카다리파, 알비젠파와 유사함. · 엄격한 계층제조직으로 이루어짐.	· 창조에 대한 이원론적 사고 (빛 대 어두움의 투쟁). · 그리스도는 빛의 대표자이고, 사탄은 어두움의 대표자라고 믿음. · 사도들이 그리스도의 가르침을 왜곡한 반면, 마니는 그 순수한 정신을 계승했다고 주장. · 그리스도의 육체는 실제가 아니라 환영이라고 주장. · 추종자들은 철저히 금욕주의적임.

10. 로마의 기독교 박해

시 기	황 제	박해의 진상과 그 범위	주요순교자
64	네로 Nero	· 로마와 그 변두리에서만 발생. · 기독교인들이 로마방화의 희생양이 됨. · 기독교인들을 불태워 네로황제의 정원을 밝힐 정도.	바울 베드로
약 90-96	도미티안 Domitian	· 주로 로마와 소아시아 지방. · 황제신에게 절하지 않는다는 이유로 박해받음.	로마의 클레멘트 요한(밧모섬으로 유배)
98-117	트라얀 Trajan	· 산발적으로 번짐. · 애국심에 대해서 의심받던 다른 단체들과 함께 수난당함. · 기독교인들은 발견되기만 하면 형집행당함. 그러나 쉽게 발각되지는 않았음.	이그나시우스 시므온 소지무스 루푸스
117-138	하드리안 Hadrian	· 산발적으로 번짐. · 트라얀황제의 정책이 고수됨. · 기독교인에 대해서 거짓증거하는 자도 처벌.	텔레스포루스
161-180	마르쿠스 아우렐리우스 Marcus Aurelius	· 황제 자신이 스토아철학자였기에 기독교를 반대. · 자연재해의 원인이 기독교인들 때문이라고 생각하여 비난함.	순교자 저스틴 포티누스 블랜디나
202-211	셉티무스 세베루스 Septimus Severus	· 기독교에로의 개종이 금지.	레오니다스 이레니우스 페르페투아
235-236	트레스 출신의 막시미누스 Maximinus	· 기독교 성직자를 처형하라고 명령. · 기독교인들이 암살당했던 전임황제를 지지했다는 이유로 박해받음.	우르술라 히폴리투스
249-251	데키우스 Decius	· 처음으로 제국전역으로 박해가 번짐. · 황제신 외의 다른 신에게로의 경배가 금지. · 이교주의에로의 열정적인 복귀는 기독교를 박멸하고자 함.	파비아누스 예루살렘의 알렉산더
257-260	발레리안 Valerian	· 기독교인의 재산 압수. · 기독교인의 집회 금지.	오리겐 키프리안 식스투스 2세
303-311	디오클레티안 갈레리우스 Diocletian Galerius	· 이때가 최악의 박해시기. · 교회들은 무너지고, 성경이 불태워짐. · 모든 기독교인의 권리가 정지됨. · 기독교인은 이교신에 대한 희생제물이 됨.	마우리티우스 알반

11. 니케아와 후기 니케아 교부

이 름	시 기	사역지	대표저서	주 요 사 항
락탄티우스 Lactantius	약 240- 320	이태리 가울	· 신학강요	· 이교도 가정에서 출생. · 성인 때 회심. · 콘스탄틴 대제의 아들을 가르침.
유세비우스 Eusebius	약 263- 약 339	캐사레아	· 교회사 · 역대기 · 콘스탄틴의 생애	· 교회사의 아버지로 불리워짐. · 캐사레아의 신학교에서 강의. · 캐사레아의 주교가 되나, 안디옥의 총감독은 사양함. · 아리안 논쟁에서는 아리우스와 아타나시우스 양자를 반대함으로써 중도적임. · 콘스탄틴 대제의 친구이자 조언자였음. · 비천년왕국적 견해.
힐러리 Hilary	약 291- 371	포이티어스	· 삼위일체에 관하여	· 인생 말기에 회심. · 아리안주의에 대한 서방 최대의 저항자. · 350년에 포이티어스 감독이 됨.
아타나시우스 Athanasius	약 296- 373	알렉산드리아	· 하나님 말씀의 성육신에 관하여 · 아리안주의에 대한 반박서 · 아폴리나리우스에 대항하여	· 삼위일체 정통교리의 가장 적극적인 수호자. · 알렉산드리아의 알렉산더 감독의 비서로 근무. · 니케아 회의 때 언권회원으로 참석. · 328년 알렉산드리아 감독이 됨. · 5번 유배당함. · 금욕적 삶.
바실 Basil	약 329- 379	가바도기아	· 유노미우스에 대항하는 5개의 책	· 기독교 가정에서 성장. · 아테네에서 철학공부. · 금욕적 삶. · 가바도기아에서 캐사레아의 감독이 됨. · 아리안주의를 반대함. · 문둥병자를 위한 병원 건립.

니케아와 후기 니케아 교부(계속)

이 름	시 기	사역지	대표저서	주 요 사 항
니사의 그레고리 Gregory of Nyssa	약 330-약 394	가바도기아	· 유노미우스에 대항하여 · 아폴리나리우스에 대항하여 · 성자와 성령의 신성성에 대하여	· 바실의 형제. · 오리겐의 영향받음. · 알레고리한 성경해석. · 기혼자이지만 금욕적인 생활. · 372년 억지로 니사의 감독이 됨. · 아리안주의를 반대. · 삼위일체에서 본질과 위격의 구분을 최초로 강조. · 콘스탄티노플 종교회의에 참여.
나지안주스의 그레고리 Gregory of Nazianzus	약 330-약 390	가바도기아 콘스탄티노플	· 신학적 설교	· 나지안주스 지방 감독의 아들. · 아테네에서 바실과 함께 공부. · 금욕적 삶. · 나지안주스의 주교[374], 콘스탄티노플 대감독[381], 그러나 곧 사임함. · 아리안주의를 반대. · 유명한 설교가이자 시인.
암브로스 Ambrose	약 340-397	밀라노	· 신앙에 대하여 · 성령에 대하여 · 성례에 대하여	· 가울 총독의 아들. · 정부행정관으로 근무. · 북부 이태리의 집정관에 임명. · 세례받기 전 374년 밀라노의 감독이 됨. · 금욕적 삶. · 아리안주의를 반대. · 데살로니가 사람들의 대량학살에 대하여 데오도시우스 황제를 비난함. · 설교를 통하여 어거스틴에게 감화를 줌.
존 크리소스톰 John Chrysostom	약 374-407	안디옥 콘스탄티노플	· 성직에 대하여 · 설교들	· 크리소스톰은 그의 호칭인데, 그 의미는 "금과 같은 입"이란 뜻. · 고대교회 최대의 설교가. · 설교에는 윤리적 적용을 강조. · 로마 장교의 아들 · 수사학을 공부. · 수도원 생활을 더 흠모함. · 397년 콘스탄티노플 총감독이 됨. · 유독시아 여황제에 의해서 실각. · 유배 중에 죽음.

니케아와 후기 니케아 교부(계속)

이 름	시 기	사역지	대 표 저 서	주 요 사 항
제롬 Jerome	약 345-420	로마 안디옥 베들레헴	・라틴 번역 (Vulgate) ・유명한 저작자 명부 [수많은 주석들]	・기독교 가정 출신. ・수사학을 공부. ・계속 수도원을 옹호. ・사막 수도자로 오랫동안 은둔. ・그 시대에 히브리어를 아는 몇 안되는 기독교인이 됨. ・다마스커스에서 로마 총감독의 비서가 됨. ・금욕주의를 향하는 많은 로마 여성들을 격려. ・후기 35년을 베들레헴에서 보냄. ・그의 라틴어 번역본이 후에 로마 가톨릭 교회의 공인된 성경이 됨.
몹수에스티아의 테오도르 Theodore of Mopsuestia	약 350-428	안디옥 몹수에스티아	・소선지서 주석 ・알레고리 해석에 대항하여 ・원죄 옹호론자들에 대항하여	・안디옥 신학의 아버지. ・크리소스톰의 친구. ・결혼을 위해서 수도사적 삶을 거부. ・392년 몹수에스티아 감독이 됨. ・성경해석에 있어서 문법적・역사적 문맥을 강조. ・알레고리한 성경해석을 거부. ・네스토리우스의 스승. ・콘스탄티노플 2차 종교회의에서 파문당함.
어거스틴 Augustine	354-430	아프리카 북부	・고백록 ・명상록 ・하나님의 도성 ・엔키리디온[1] ・재고록[2]	・이교 아버지와 기독교인인 어머니 사이에서 출생. ・카르타고에서 철학공부. ・청년기에 마니교에 심취. ・386년 밀라노에서 회심. ・암브로스의 영향 받음. ・395년 히포의감독으로임명. ・온건한 금욕주의를 추구. ・마니교, 도나투스파, 펠라기우스파를 배척. ・최초의 기독교 역사철학을 저술. ・그의 저술들은 중세 신학적 논쟁시 양 입장의 근거가 되곤 함.
시릴 Cyril	376-444	알렉산드리아	・네스토리우스에 대항하여 ・배교자 줄리앙에 대항하여	・알렉산드리아 신학을 집대성함. ・412년 알렉산드리아 총감독이 됨. ・기독교인이건 이교도이건 간에 그의 반대자에 대하여 강제력과 기만술을 사용. ・크리소스톰, 데오드르, 네스토리우스를 반대. ・마리아 숭배를 옹호.

역자주[1] 기독교에 대한 철학적 문헌으로서 수상록에 가깝다.
역자주[2] 어거스틴의 저서를 통해서 중요한 것만 발췌하여 재발간한 책.

12. 감독권의 발달(5세기까지)

시 기	근 거	내 용
1세기	신약	·각 교회의 감독과 집사들이 사도의 감독 아래에 있었다.
2세기 초엽	이그나시우스	·장로직과 감독직이 구분됨. ·각 회중은 감독, 장로, 집사에 의해서 치리됨.
2세기 말엽	이레니우스 터툴리안	·교구감독-일정지역 내의 회중을 돌보는 감독 : 그들은 사도직의 계승자로 생각됨.
3세기 중엽	키프리안	·제사장직과 희생-장로들은 희생적 제사장들로 간주됨. ·로마 감독의 우월성이 주장됨.
4세기 초엽	니케아 회의	·큰도시 감독[총감독]들은 시골의 감독보다 인구면에서 많다는 이유로 우위성을 주장.
4세기 말엽	콘스탄티노플회의	·대감독. 특별한 명예가 로마, 알렉산드리아, 안디옥, 콘스탄티노플과 예루살렘에 주어졌다. ·콘스탄티노플 총감독은 로마 총감독 다음의 권위가 주어짐.
5세기 중엽	레오 1세 칼케돈 회의	·로마의 우위성-레오 1세는 베드로로부터 계승되었다는 기초하에 전 교회보다 로마교회가 더 권위를 갖고 있다고 주장.

13. 로마 주교의 우위권 확립에 기여한 요인

요 인	결 과
마태복음 16 : 17-19	・교황권의 주장은 예수님에 의해서 베드로에게 전교회를 지배할 권위를 주셨다는 데에 있다. 이 주장은 레오 1세에 의해서 최초로 주장되어졌다.
사도적 계승	・사도들이 그들의 계승자들에게 권위를 주었다는 가르침은 결국 베드로의 최고권위가 로마주교들에게로 이양됐음을 말해준다.
베드로와 바울의 순교	・순교당한 성자들을 추모하는 분위기가 일어남에 따라서, 로마는 두명의 주요 사도의 순교지였다는 점에서 권위를 얻는다. 또한 네로황제의 박해로 말미암아 로마교회는 수많은 수난을 당했다는 점에서 역시 특별한 우월성이 있다.
로마의 인구	・도시의 규모와 교회의 규모 양면에서 로마주교의 권위가 높다.
제국의 수도	・밀라노 칙령 이후, 역대의 황제들이 로마주교에게로 가서 종교문제에 관한 자문을 얻곤했다.
언어	・로마주교에 의해서 지도되어진 라틴어권의 서방은 헬라어를 쓰는 동방을 무능하게 만드는 신학적 난문제를 해결할 수 있었다. 왜냐하면, 동방의 학자들은, 의미의 미묘한 부분까지 표현해내는 라틴어 구사능력에 있어 뒤떨어졌기 때문이다.
지역	・5개의 대교구 도시 중, 오직 로마만이 서방에 있었다 ; 그렇기 때문에 로마주교는 다른 대교구보다도 더 넓은 영토를 다스릴 수 있었다.
선교적 확장	・그레고리 1세와 같은 로마의 주교들은 용기를 내어 야만족에게도 선교를 감행하였고, 후에 개종된 야만족 지역민들은 로마를 최고로 존경하였다. 그러나, 동방의 교회들은 페르시아인들과 나중에 회교도들이 된 이방인들을 복음화하는 데에 크게 성공하지 못하였다.
야만족의 침입	・야만족의 침입 하에서 이루어진 서방제국의 붕괴로 말미암아 교회는 오히려 제국 내의 야만족과 제국 밖의 "기독교로 개종된" 야만족들을 통합시키는 구심점이 되었다.
회교정복	・안디옥, 알렉산드리아, 예루살렘 교회가 회교도들에게 점령당하고, 또한 콘스탄티노플교회에 대한 회교도의 계속적인 압력이 로마주교의 권위를 증진시키는 요인이 되었다.

14. 고대교회의 주요 교리논쟁

논 쟁	이단 지도자	정통파 지도자	연관된 종교회의	수용된 결론
삼위일체 논쟁	· 아리우스 · 니코메디아의 유세비우스	· 아타나시우스 · 호시우스 · 대(大) 바실 · 닛사의 그레고리 · 나지안주스의 그레고리 · 힙포의 어거스틴	· 니케아[325] · 콘스탄티노플[381]	· 그리스도는 "성부와 동일 본질"이며, 성부, 성자, 성령은 "영원하고 본질적으로 동일하며, 동등"하다.
기독론 논쟁	· 아폴리나리우스 · 네스토리우스 · 유티케스	· 알렉산드리아의 시릴 · 데오도렛 · 레오 1세	· 콘스탄티노플[381] · 에베소[431] · 에베소["도둑총회"][449] · 칼케돈[451]	· 그리스도는 "혼합되지 않고 변하지 않으며, 분리되지 않고 나눌수 없는 두 본질의 한 인격체"이시다. · 마리아는 "하나님의 성모"이시다.
도나티스트 논쟁	· 도나투스	· 캐킬리안 · 힙포의 어거스틴	· 아를르[314]	· "교회 밖에는 구원이 없다."
펠라기안 논쟁	· 펠라기우스 · 코엘레스티우스 · 존 카시안 · 아를르의 캐사리우스	· 힙포의 어거스틴 · 제롬	· 에베소[431] · 오랜지[529]	· 반(半) 어거스틴주의 : 성례적 은총은 사람들로 하여금 그를 자신의 내면적인 죄성을 이기게 할 수 있다.

15. 고대교회의 삼위일체론 이단

이 단	주 창 자	요 약
모나키안 주의 단일신론 (양자설)	· 비잔틴의 데오도투스 · 사모사타의 바울	· 예수는 그의 세례시 그리스도가 되었고, 그의 죽음 이후에 아버지에 의해 양자로 입양되었다.
사벨리안주의 (양태론, 성부수난설)	· 사벨리우스 · 프락세우스	· 한 하나님이 세가지 모양으로 자신을 계시하신다.
아리안주의	· 아리우스 · 니코메디아의 유세비우스 · 유독시우스 · 유노미우스	· 그리스도는 제일 먼저 피조된 존재이다.
반(半) 아리안주의 (유세비안주의)	· 앙키라의 바실 · 라오디게아의 그레고리	· 그리스도는 본질상 아버지와 유사하지만, 아버지에게 종속되어 있다.
마케도니안주의 (성령이단설)	· 마케도니우스	· 성령은 피조된 존재이다.

16. 고대교회의 기독론적 이단

이 단	주 창 자	요 약
아폴리나리우스주의 Apollinarianism	· 아폴리나리우스	· 그리스도는 인간적 영을 갖고 있지 않다. 그것을 대신하여 로고스가 있다.
네스토리우스주의 Nestorianism	· 네스토리우스	· 로고스가 예수의 인격 안에 있어서 그리스도를 신·인이 아닌 신성을 가진 인간으로 만들고 있다. 그리스도의 인격성을 유기적으로 결합하고 있다기 보다는 오히려 기계적으로 보고 있다.
유티케스주의 Eutychianism	· 유티케스	· 그리스도의 인간성은 로고스에 의해서 희석되고 있다.
단일육체론 Monophysitism	· 세베루스 · 헬리카나수스의 쥴리안 · 스테파누스 니오베스	· 그리스도는(그리스도의 비인격적 인간성을 수용할 수 없는) 한 본성만을 갖고 계시다.
단일신성론 Monothelitism	· 아라비아의 데오도르 · 세르기우스 · 알렉산드리아의 키루스	· 그리스도는 인간의지가 없고 오직 신적의지만 있다.

17. 펠라기우스 논쟁

입 장	주 창 자	요 약
펠라기우스주의 Pelagianism	· 펠라기우스 · 에클라눔의 줄리앙 · 코엘레스티우스	· 사람은 본질적으로 선하게 타고나며 구원에 필요한 행위를 할 수 있다.
어거스틴주의 Augustinianism	· 힙포의 어거스틴	· 사람은 죄로 인해 죽었다. 구원은 선택받은 자에게만 주어지는 하나님의 전적은혜이다.
반(半) 펠라기안주의 Semi-Pelagianism	· 존 카시안	· 인간구원에 하나님의 은혜와 인간의 의지가 동시에 작동되나, 그러나 사람에게 주도권이 더 있다.
반(半) 어거스틴주의 Semi-Augustinianism	· 아를르의 캐사리우스	· 하나님의 은혜는 모두에게 임한다. 그 덕분에 사람은 구원에 필요한 것을 선택하고, 수행할 수 있다.

18. 초대교회의 종교회의

장 소	연도	황 제	핵 심 인 물	주 요 결 과
니케아	325	콘스탄틴	· 아리우스 · 알렉산더 · 니코메디아의 유세비우스 · 캐사레아의 유세비우스 · 호시우스 · 아타나시우스	· 성자는 성부와 함께 동등하며, 동일 본질이며 영원한 분이시다. · 아리우스 정죄. · 니케아 신조의 원본 제출.
콘스탄티노플	381	데오도시우스	· 멜레티우스 · 나지안주스의 그레고리	· 니케아 종교회의 결과를 승인. · 니케아 신조의 개정판 작성. · 삼위일체 논쟁에 종지부를 찍음. · 아폴리나리우스파 정죄.
에베소	431	데오도시우스 2세	· 시릴 · 네스토리우스	· 네스토리안파를 정죄. · 알렉산드리아 기독론들을 함축적으로 승인함. · 펠라기우스 정죄.
칼케돈	451	마르시안	· 레오 1세 · 디오스쿠루스 · 유티케스	· 그리스도의 두 본성이 혼합되지 않고, 변하지 않고, 나뉘지지 않고, 분리될 수 없음을 선언함. · 유티케스파 정죄.
콘스탄티노플	553	유스티아누스	· 유티키우스	· 단일육신론을 주장하기 위한 "3개 조항"을 거부함. · 칼케돈 회의에 관한 시릴의 해석을 지지함.
콘스탄티노플	680-681	콘스탄틴 4세		· 단일신론 거부. · 호노리우스 [638] 교황을 이단으로 정죄함.
니케아	787	콘스탄틴 6세		· 성상숭배를 합법화시킴.

19. 야만족의 개종

부　　족	개종연대	선　교　사
고트	약 340년	울필라(아리안)
	약 720년	보니파스(윈프리드)　　(가톨릭)
픽츠	약 400년	니니안
아이리쉬	약 435년	패트릭
프랑크	약 496년	클로비스
스코트	약 563년	콜럼바
앵글로 색슨	약 600년	캔터베리의 어거스틴 에델버트
프리지안	약 690년	윌리브로드

20. 교회와 국가, 754–1309

기 간	시 기	주 요 사 건	핵 심 인 물	성 격
신성로마제국의 샬마뉴 대제	754–962	·754-페핀의 기증 ·8세기 중엽-콘스탄틴의 기증[위조] ·800-샬마뉴 즉위 ·9세기 중엽-가짜 이시도리안 기증[위조] ·840-샬마뉴 손자 때 제국이 분열	·소(小)페핀 [714-768] ·샬마뉴 [742-814] ·니콜라스 1세 [800-868]	·교황령이 생겨나서 교황이 지상적으로도 통치함. ·샬마뉴 대제의 즉위로 교회와 국가간에는 세력투쟁이 전개됨. ·사회구조가 봉건제 구조로 들어감. ·후반기에 교황권은 로마귀족들의 지배로 더럽혀짐.
신성로마제국의 오토 1세	962–1059	·962-교황에 의해서 오토 1세가 신성로마제국의 황제로 즉위 ·1044-1046-교황권 분열 ·1054-동방과 서방교회의 분열	·오토 1세 [912-973] ·레오 9세 [1002-1054]	·이 기간 중 이태리에 대한 독일의 간섭과 교황당국간의 갈등관계. ·대체로 교황권이 약하고, 이태리와 독일왕의 꼭두각시임. ·클루니 수도원의 개혁운동이 교회를 강하게 만듦.
교황권 상승시기	1059–1216	·1059-추기경단에 의한 교황선출 ·1077-헨리 4세의 카놋사 굴욕 ·1095-십자군 시작 ·1122-보름스 협약 ·1215-제4차 라테란 종교회의	·힐데브란트 [그레고리 7세] [1021-1085] ·우르반 2세 [1042-1099] ·헨리 4세 [1050-1106] ·이노센트 3세 [1161-1216]	·힐데브란트식의 개혁이 교황권의 향상을 가져옴. ·서임권 논쟁이 최고조에 이름. ·파문과 성사금지가 교황청의 주요 무기임. ·교황권은 이노센트 3세 때 절정에 이르러 절대적·영적·지상적 권위를 보유함.
교황권 하강시기	1216–1309	·1291-에이커의 타락, 십자군의 종결 ·1302-교황의 칙령 ·1309-교황권의 바벨론 포수 시작, 교황권이 프랑스 아비뇽으로 이전.	·보니파스 8세 [1234-1303] ·필립 4세 [1268-1314]	·교황은 지상에서도 웅대한 권력행사를 하고자 했으나, 점점더 세력은 약화됨. ·이 기간 말엽쯤, 교황권은 완전히 프랑스 수중에 들어감.

21. 중세 초기 교회 지도자

이 름	시 기	사 역 지	대 표 저 서	주 요 사 항
보에티우스 Boethius	480-524	아테네 이태리	·철학의 위안 ·거룩한 소품	·아리안 오스트로고트족 데오도릭왕의 자문관 역임. 신정정치적. ·철학은 인간을 하나님께로 이르게 하는 수단. ·모반죄로 추방당함.
그레고리 대제 Gregory The Great	540-604	로마	·윤리선언[1] ·대화	·귀족출신. ·베네딕트 수도원 입단. ·수도사 출신으로는 최초로 로마의 주교가 됨. ·서구 전체의 교회에 미치는 로마주교의 권위를 강조함. ·중세교회에 미칠 대중적 신학을 만듦. ·영국지역에 선교사 파송을 자주함. ·롬바르드족의 침입으로부터 로마를 구출해 냄.
이시도르 Isidore	560-636	세빌리	·알레고리 성경 ·유대인들에 대한 가톨릭 신앙 ·어원학 ·3개의 문장론	·세빌리의 대주교에 서품. (600). ·톨레도 종교회의 지도(633). ·가짜 이시도르 문서의 작성에 연루됨.
베드 Bede	673-735	노덤브리아	·잉글랜드 교회사 ·린디스파네의 성 쿤버트의 생애	·7세 때부터 수도원에서 삶. ·자기가 태어난 곳으로부터 몇 마일 이상 여행해 본 적이 없음. ·수도원 도서관을 통해서 방대한 지식을 습득.

역자주[1] 원제목은 Magna Moralia로서 욥기 강해서이다.

중세 초기 교회 지도자 (계속)

이 름	시 기	사 역 지	대 표 저 서	주 요 사 항
다마스커스의 요한 John of Damascus	약 675-749	다마스커스 팔레스틴	· 설교들 · 지식의 샘	· 기독교 가정에서 출생. · 이슬람 칼리프의 관원으로 봉사. · 성상숭배를 지지. · 후에 수도원으로 입단하기 위하여 관원생활을 포기. · 동방교회를 위한 규범신학을 만듦.
알쿠인 Alcuin	735-804	요오크 아헨 뚜르	· 삼위일체 · 성 윌리브로드의 생애	· 귀족 출신. · 요오크의 대성당학교를 졸업. · 후에 대성당학교의 교장이 됨. · 샬마뉴 대제의 왕궁의 가정교사. · 양자론주의자들에 대항함. · 제롬의 라틴어 번역본을 재간행.
파스카시우스 래드베르투스 Paschasius Radbertus	약 785-865	소아송 삭소니	· 주님의 몸과 피 · 처녀탄생	· 어려서 고아가 됨. · 베네딕트 수도원에 입단. · 화체설 교리의 제안자. · 경건자 루이의 친구. · 고트샤크를 반대.
고트샤크 Gottschalk	805-868	라임스	· 데오돌루스의 발췌	· 어렸을 때 부모가 수도원으로 보냄. · 성인이 되자 수도원을 떠나려 시도했으나, 번번히 실패. · 어거스틴적인 교리와 예정론을 옹호함. 그것 때문에 그는 비난받고 투옥당함. · 말년은 비참하게도 20년 투옥생활 끝에 사망하였는데, 결국 기독교 매장지에도 매장되지 못했음.
존 스코투스 에리게나 John Scotus Erigena	약 810-약 877	아일랜드 프랑스	· 예정론에 대해서 · 자연의 구분에 대해서	· 아일랜드 출생. · 프랑스 대머리 찰스의 왕궁에서 근무. · 범신론적 경향을 띤 신플라톤 추종자. · 예정론과 성찬론의 논쟁에 참여.

22. 1054년 동서교회 분열의 주요 원인

원 인	동 방 교 회	서 방 교 회
정치적 대립	·비잔틴 제국	·신성로마제국
교황권의 요구	·콘스탄티노플 주교가 로마 주교에 비해서 두번째로 간주됨.	·전 교회에 대한 로마 주교의 우월성.
신학적 발전	·칼케돈 회의 이후 침체.	·논쟁과 확장을 통하여 계속적인 변화, 성장.
필리오케 논쟁	·성령은 성부로부터 나온다(Proceeds)고 선언.	·성령은 성부와 성자로부터 나온다고 선언.
성상 논쟁	·신앙심으로 사용되는 성상에 대하여 120년 동안 논쟁하였다 ; 최종적으로 동상을 제외하고 성상은 사용할 수 있다고 결론내림.	·동상의 허용까지 포함하여 동방교회와 반대되는 입장을 견지해 왔다.
언어와 문화상의 차이	·그리이스/동방적	·라틴/서방적.
독신	·하위 성직자들은 결혼이 허용됨.	·모든 성직자들이 독신임.
외부 압력	·회교도들이 동방교회를 계속 위협함.	·서방 야만족들이 기독교인으로 개종하여 교회가 이를 흡수함.
1054년 상호 파문	·미카엘 세룰라리우스 대주교가 자기를 파문한 레오 9세를 도로 파문함.	·레오 9세가 콘스탄티노플의 미카엘 세룰라리우스 대주교를 파문함.

23. 십자군

십자군	시기	주창자	주요사항	목적	결과
1차	1096-1099	·우르반 2세 ·은둔자 베드로	·윌터 잔자브아 ·은둔자 베드로 ·고트샤크 ·뚤르즈의 레이문트 ·고프리 ·탠크레드 ·노르만디의 로버트	·터키로부터 예루살렘의 회복.	·니케아, 안디옥, 에뎃사, 예루살렘 점령, 봉건 십자군 왕국을 건립함.
2차	1147-1148	·클레르보의 버나드 ·유진 3세	·콘라트 3세 ·루이 7세	·터키로부터 에뎃사 회복.	·서방 십자군과 동방 길 안내자들 사이의 불화로 십자군이 파괴됨 ; 다메섹 점령 시도가 실패함.
3차	1189-1192	·알렉산더 3세	·프레드릭 바바로사 ·필립 아우구스투스 ·리차드 1세	·살라딘과 사라센(회교도)으로부터 예루살렘 회복.	·프레드릭 익사 ; 필립 안전귀국 ; 리차드는 에이커와 욥바를 점령, 살라딘과 협정체결 그리고 귀국길에 사로잡혀서 오스트리아로 투옥됨.
4차	1200-1204	·이노센트 3세	·샴파뉴의 트리바우트 ·블로이스의 루이 ·플란더스의 볼드윈 ·시몬 드 몽포르트 ·헨리 단돌로	·애굽을 공격함으로써 사라센 세력을 약화시킴.	·기독교 도시「자라」가 약탈되고, 운송을 위하여 베니스 상인들에게 되팔려짐 ; 이 일 때문에 십자군들이 파문당함 ; 그러자 그들은 콘스탄티노플을 약탈함.
소년 십자군	1212	·니콜라스 ·스테반		·"마음이 순수한 소년들"에 의한 초자연적 성지 회복.	·대부분의 어린이들이 바다에서 익사되고, 노예로 팔려지거나, 집단 학살됨.
5차	1219-1221	·호노리우스 2세	·홀란드의 윌리암 ·브리앙의 요한	·애굽을 공격함으로써 사라센 세력을 약화시킴.	·십자군은 애굽의 다미에타를 점령하는 데 성공하지만, 곧 빼앗김.
6차	1229		·프레드릭 2세	·예루살렘 재점령.	·십자군은 프레드릭의 예루살렘 통치권을 이양하는 협정을 술탄왕과 맺음. 이 일로 프레드릭은 파문당함.
7차	1248		·루이 9세	·애굽공격을 통한 성지회복.	·십자군이 애굽에서 패전당함.

24. 회교정복과 십자군 - 비교

구 분	회 교 도	십 자 군
시기	· 633-732	· 1095-1291
시작	· 마호메드의 죽음으로	· 클레몽 종교회의
전환점	· 뚜르전투	· 에이커의 타락
동기	· 지하드, 성전을 통하여 자신들의 진정한 신앙을 펼치고자 하는 욕망 때문에.	· 순례자를 보호하고 하나님의 영광을 구하며 터어키족으로부터 기독교 성지(예루살렘)를 회복하기 위하여.
보상	· 성전을 위해서 죽는 자는 즉각적인 낙원 입성이 약속됨.	· 많은 보상이 제공됨. 과거, 현재, 미래의 죄를 용서받고, 성전을 위해서 죽는 자는 즉각적으로 천국에 들어가며, 부채와 세금이 면제된다.
적군 처리	· 이교도는 개종하지 않으면 죽인다. 유대인과 기독교인들은 자기들의 종교의 자유를 허용하나 기부금을 내야하고, 개종이 금지되어 있다.	· 정복되어진 회교도들은 모두 다 죽임 : 유대교 지역의 거주자는 집단학살.
결과	· 팔레스틴, 시리아, 소아시아, 에집트, 북부 아프리카, 스페인 등 ; "암흑시기"중에도 희랍어가 보존됨.	· 영구적인 영토지배는 없었음. 희랍 고전어와 로마문화가 재발견되었고 ; 동·서방 교회간에 깊은 불신과 기독교·유대교·회교도간에 깊은 적개심이 증가됨.

25. 하나님 존재의 증명 – 토마스 아퀴나스의 5가지 방법

논쟁	관찰	함축된 의미	결론
운동으로부터	· 운동은 그 자체 스스로 시작할 수 없다. 그러므로 이미 움직이고 있는 어떤 것으로부터 파생되어야 한다.	· 무한히 움직이는 동력자를 상상할 수 없다. 왜냐하면 그렇게 되면 최초의 동력자가 없을 뿐더러, 도대체 어떤 것도 움직이게 할 수 없다. 따라서, 최초의 동력자가 있어야 한다.	· 제1동력자(움직이지 않는 동력자)를 하나님이라고 부른다.
우연성으로부터	· 어떤 사건도 먼저 앞선 사건에 의해서 파생된다.	· 무엇보다도, 원인적 연결고리가 무한히 소급될 수 없다(끝이 있어야 한다.)	· 제1원인자(원인이 없는 원인자)를 하나님이라고 부른다.
가능성으로부터	· 어떤 것들은 일시적이고, 그 존재가 파생적이다. 그들의 존재는 필연적이라기 보다 개연적인 것이다.	· 파생적 존재의 연결고리들은 무한할 수 없으며, 그 근원에는 자아충족적 존재가 있어야만 한다.	· 이 자아충족적 존재를 하나님이라고 부른다.
불완전성으로부터	· 우리는 보다 더 완전한 척도로써 사물을 판단한다.	· 상대적인 평가는 절대적으로 완전한 기준을 요한다. 아리스토텔레스에 의하면 진리에서 위대한 것은 존재면에서도 위대하다고 했다.	· 이 절대적인 기준이신 하나님은 반드시 존재해야 한다.
설계로부터	· 생명이 없는 것들도 함께 작용하여 하나의 질서 있는 목적을 이룬다.	· 이것이 우연하게 발생되는 것이 아니라 이 배후에 유능한 설계자가 존재한다.	· 이 설계자를 하나님이라고 부른다.

26. 스콜라 신학

이 름	시기	사역지	대표저서	신앙과 이성의 연관성에 대한 견해	우주의 본질에 대한 견해	주요사항
안셀름 Anselm	1033-1109	이태리 프랑스 캔터베리	• 모놀로기움[1] • 프로슬로기움[2] • 쿠르 데오스 호모[3]	• "신앙이 이성보다 우선한다".	• 실재론 – 보편이 선재한다.	• 이태리 출생. • 프랑스 수도원에 입단. • 캔터베리 대주교가 됨[1093]. • 평신도 서품을 반대. • 하나님의 존재에 대한 존재론적 증명을 창안. • 대속적 속죄관을 반포함.
피터 아벨라르 Peter Abelard	1079-1142	프랑스	• 긍정과 부정 • 기독교 신학 • 불행의 이야기	• "이해되어지기 전까지 어떠한 것도 믿어질 수 없다."	• 온건한 실재론 – 보편자는 개별적 물체 속에 있다.	• 젊었을 때 자기 스승과 논쟁을 벌임. • 파리 대성당학교 장이 됨. • 엘로아즈와 연애하여 아들을 낳음. • 후에 삼촌의 명령에 의해서 거세당함. • 사임하여 수도사가 됨. • 클레르보의 버나드를 선동했다는 이유로 이단으로 정죄받음.
클레르보의 버나드 Bernard of Clairvaux	약 1090-1153	프랑스	• 겸손과 자만의 정도 • 사랑의 하나님.	• "하나님을 사랑하는 만큼 우리는 그분을 알 수 있다."	• 신비적 – 그러나 문제될 정도는 아님.	• 귀족계급. • 시스터 수도원에 입단[1113]. • 클레르보에 수도원 설립. • 제 2차 십자군 때 설교로 격려함. • 아벨라드를 격렬히 반대. • 유명한 찬송가 작사가.
피터 롬바르드 Peter Lombard	1095-약 1159	이태리 파리	• 4개의 문장론	• 이성에 의해서 풀려질 수 있는 신앙의 딜레마.	• 온건한 실재론	• 북부 이태리 태생. • 아벨라드에게서 수학. • 파리주교가 됨. • 그의 문장론은 최초의 중세 조직신학서임. • 7성례를 강조.
성 빅토의 휴 Hugh of ST. Victor	약 1096-1141	삭소니 파리	• 의미대전	• 신앙은 확실히 "속된 견해보다는 위이지만 학문보다는 아래이다".	• 신비적	• 삭소니 태생 • 파리의 성 빅토 학교에 들어가고, 나중에 교장이 됨.

역자주[1] 모놀로기움(Monologium de Divinitatis Essentia)는 1070년 베크의 수도원재직시 쓴 하나님의 존재를 귀납적으로 증명한 책이다.

역자주[2] 프로슬로기움(Proslogium)은 하나님께 청원하는 형식을 띤 저술로서 하나님의 존재를 연역적으로 증명하고자 한다.

역자주[3] 쿠르 데오스 호모(Cur Deos Homo)는 속죄론에 대하여 새로운 시각으로 쓴 책이다.

스콜라 신학(계속)

이름	시기	사역지	대표저서	신앙과 이성의 연관성에 대한 견해	우주의 본질에 대한 견해	주요사항
알베르투스 마그누스 Albertus Magnus	약 1200-1280	바바리아 파두아 파리 콜로뉴	· 자연체계 · 마리아찬양	· "신학이야말로 참된 의미의 과학이다."	· 온전한 실재론	· 바바리아 태생. · 도미니크 수도단에 입단. · 아퀴나스의 스승. · 레겐부르크의 주교가 됨. · 자연과학에 대한 유명한 학생임. · 아리스토텔레스 철학에 조예가 깊음. · 마리아 숭배를 발전시킴.
존 보나벤투라 John Bonarenture	약 1217-1274	이태리	· 그리스도의 빈곤에 대하여 · 성프란시스코 브레빌로킴의 생애 · 하나님의 마음으로의 여행	· 진정한 지식은 하나님의 신비를 묵상하는데에서 온다.	· 신비적	· 투스카니 태생 · 17세 때 프란시스코 수도단에 입단. · 프란시스코 수도단의 단장이 됨. · 마리아 숭모를 발전시킴. · 유명한 찬송가 작시가
토마스 아퀴나스 Thomas Aquinas	약 1266-1308	영국 파리 콜로뉴	· 신학대전 · 이교도 반박대전 · 헬라학풍반박	· 자연이성은 "신앙에로 이끄는 통로"이다.	· 온건한 실재론	· 아퀴노 가문의 귀족으로 태어남. · 5세 때 몽테카시노 수도원에 입단. · 19세 때 도미니크 수도원에 입단. · 알베르투스 마그누스 밑에서 배움. · 파리, 콜로뉴, 이태리 전역에서 가르침. · 아리스토텔레스와 어거스틴의 작품에 의존.
존 둔스 스코투스 (John Duns Scotus)	약 1266-1308	영국 파리 콜로뉴	· Opus Oxoniense (신학명제에 대한 주석집) · Questiones Quodlibetales	· 하나님을 아는 지식은 이성에 근거할 수 없고, 오직 교회의 권위하에서만 받아들여진다. "한 시점에서의 한 사물은 철학적으로는 진리일지 모르나 신학적으로는 거짓일 수 있다."	· 온건한 실재론	· 영국 생. · 프란시스코 수도단에 입단. · 옥스포드에서 배우고, 그곳에서 가르침. · 아퀴나스의 반대자 · 순수사고 교리에 영향을 끼침. · 후에 개신교도들은 그를 "둔스(dunce)"란 단어로 연결시킴.
오캄의 윌리암 William of Ockham	약 1280-1349	영국 파리 뮨헨	· 논리학 대강 · 사제권과 제자도	· "계시신학과 연관된 교리는 순수이성에 의해서 증명되기 어렵다."	· 유명론—보편은 사물이 있은 후에 실재한다.	· 서레이 태생. · 프란시스코 수도단에 입단. · 둔스 스코투스 밑에서 수학. · 파리에서 가르침. · 자기 견해 때문에 파문당함. · 교황무오설을 반대. · 교회의 세속통치권 부인.

27. 대 수도단

분 류	수도단	설 립 자	설립시기	발 생 지	핵 심 인 물	주 요 사 항
	베네딕트	누시야의 베네딕트	529	이태리 몽테 카시노	· 베데 · 보니파스	· 최초의 수도단. · 베네딕트 규율에 의해서 수도단 유지.
군사적 수도단	성 요한의 기사단 [병원단]	레이문드 드 푸이	1113	예루살렘		· 순례자를 보호하고, 후에는 십자군으로서 싸움도 함. · 1530년「말타 기사단」이 됨. · 1798년 나폴레옹에 의해서 종식. · 1834년 재설립됨.
	성전 기사단	휴고 드 페이엔스 고프리 성 오머	1119	예루살렘		· 무력으로 순례자를 방어 · 부요해지고 능력이 많아짐. · 1312년 종식.
	튜튼 기사단	게르만 순례자들	1190	에이커		· 성지에 병원〈구빈원〉설치 · 게르만에게 선교사역을 실시. · 1523년 종식된 후, 이동하여 동부 프루지아를 점령. · 독일 융커〈지주들〉의 선조가 됨.
베네딕트	클루니 수도회	아퀴테인의 윌리암	910	프랑스 클루니	· 그레고리 7세 · 우르반 2세	· 베네딕트 수도단 내의 개혁운동의 산물. · 베네딕트 규율을 따름.
	시토 수도회	로버트 몰레슘	1098	프랑스 시토	· 유진 3세 · 베네딕트 12세 · 클레르보의 버나드	· 베네딕트 규율을 따름. · 이 수도단의 지부로 트래피스트 수도사들[침묵과 엄격한 계율로 수도생활을 수행]이 있음. · 1790년에 종식됨.
어거스틴파	어거스틴 수도회				· 토마스 아 켐피스 · 게르하르트 그루테 · 마틴 루터 · 리미니의 그레고리	· 성 어거스틴의 규율을 따름. · 약간은 탁발수도사들[구걸]
	프레몽 수도회	노베르트	1119	프랑스 프레몽		· 성 어거스틴의 규율을 따름.

대 수도단(계속)

분 류	수도단	설 립 자	설립시기	발생지	핵심인물	주 요 사 항
독립파	카두시안 수도회	브루노	1082	프랑스 차루즈	· 링컨의 휴	· 카두시안 수도단의 규율을 따름. · 매우 엄격: 자학을 함
	카멜 수도회	베르돌드	1156	카멜산	· 아빌라의 테레사	· 다소 의심스럽지만 엘리야에게로까지 그 기원을 소급함. · 나중에 탁발 수도사들이 됨.
탁발 수도단	도미니크	도미닉 구즈만	1216	스페인	· 토마스 아퀴나스 · 알베르투스 마그누스 · 요하네스 에크하르트 · 존 타울러 · 바르돌로메 드 라 카사 · 기롤라모 사보나롤라 · 토마스 드 토퀘마다	· 성 어거스틴의 규율을 사용. · 교황에 의해서 이단을 제거하는데에 사용됨. · 종교재판을 수행.
	프란시스코	아씨시의 프란시스코	1223	이태리	· 보나 벤튜라 · 둔스 스코투스 · 오캄의 윌리암 · 로저 베이컨 · 리라의 니콜라스	· 그들의 원초적 규율은 성경에서 옴. · 절대 가난에 순종 · 1525년, 일명 망또회(Capuchins)가 일어나 본래의 뜻을 이어갔다.
	예수단 [제수이트파]	이그나시우스 로욜라	1540	로마	· 프란시스 자비에르 · 로베트 드 노빌리 · 마테오 리치	· 그들의 규율은 로욜라의 영적 수행에서 취함. · 선교와 교육에 적극적임. · 개신교의 종교개혁을 축소시키고자 함. · 교황에 절대적 충성을 맹세. · 1773년 종식됨. · 1814년에 재설립됨.

28. 중세의 반대자들과 이단

집 단	특 징	주 요 사 항
바울파 Paulicians	· 이원론적. · 가현설적. · 바울서신 강조. · 마르시온의 가르침과 유사. · 구약과 베드로서신 배격. · 모든 외형적 종교의식을 배격. · 엄격한 금욕주의	· 7세기에 시작. · 동방교회에서 통제당함. · 동방교회로부터 박해받음. · 12세기에 약화됨.
보고밀파 Bogomils	· 이원론적. · 금욕주의적. · 사벨리안적 삼위일체교리(양태론). · 성례전 거부.	· 유키트파에서 파생. · 동유럽에서 강세.
카다리파 Cathari (Patarenes, Albigensians)	· 이원론적. · 가현설적. · 성례전 거부. · 엄격한 금욕주의 : 혼인반대. · 마니교와 유사. · 자기네들만 진정한, 유일한 교회라고 믿음. · 완전자(구원받은 자들)과 신자들로 구분. · 재성육신을 믿음. · 연옥설과 면죄부를 거부. · 가끔 금식 때문에 죽기도 함. · 평화주의적	· 11세기 초에 시작. · 바울파와 보고밀파에서 성장함. · 전유럽에 걸쳐 그 추종자들은 화형당함. · 제일 강세를 띤 지역은 남부 프랑스. · 종교재판소와 일부 십자군의 목표가 됨.

역자주[1] 유키트파(Euchites)는 4-8세기 메소포타미아, 시리아, 소아시아에 있던 기독교종파.

중세의 반대자들과 이단들(계속)

집 단	특 징	주 요 사 항
왈도파 Waldensians	· 단순한 공동생활 · 자국어로 설교함. · 산상수훈을 강조. · 여자목사 인정. · 연옥설 부인.	· 1215년 피터 왈도에 의해서 시작. · 프랑스 남부에서 시작. · 리용의 빈민자들이라고 불리움. · 교회의 인정 없이 설교했다는 이유로 파문당함. · 이태리 북부, 오스트리아에서 박해받음. · 1532년에 종교개혁을 받아들임.
롤라드파 Lollards	· 평신도 설교가를 지지. · 화체설 부인. · 영어성경 사용을 지지. · 평화주의적. · 순례여행, 고해성사, 성상숭배 배격. · 연옥설, 사제의 독신을 부인.	· 존 위클리프의 추종자들. · 박해시 일부는 순교당하지만, 많은 수는 변절함.
후스파 Hussites	· 교회보다 성경의 권위를 존중. · (성례전의) 분잔할 때, 평신도의 참여 요구. · 화체설, 성자숭배, 면죄부, 고해성사 부인. · 자국어로 성경을 읽음.	· 존 후스의 추종자들. · 나중에는 형제연합단[1] 또는 보헤미안 형제단으로 알려짐. · 십자군들이 다섯 차례씩이나 이 파의 근절을 시도. · 바젤회의에서 후스파와 타협안 형성. · 왈도파에 의해 영향받음. · 오늘날은 모라비안 교회의 형태로 존속.

역자주[1] 형제연합단(Unitas Fratrum)은 후에 모라비안교회의 공식명칭이기도 하다.

29. 교황권의 대분열(1378-1417)

연 도	로마 교황	아비뇽 교황	회의 교황
1375 1378 1381 1384 1387 1390 1393 1396 1399 1402 1405 1408 1411 1414 1417 1420 1423	·우르반 6세(1378-89) "바벨론유수"를 종식. 그러나 프랑스 추기경들을 소외시킴으로서 분열이 생김. ·보니파스 9세 (1389-1404) ·이노센트 7세 (1404-06) ·그레고리 12세(1406-15) 1409년 피사회의에서 폐위되었으나 거절함 ; 1415년 콘스탄스회의에서 폐위.	·그레고리 11세 (1370-78) 1378년 사망. 그후 대분열 상태로 돌입. ·클레멘트 7세(1378-94) 우르반 6세 지지자들과 3년간의 전쟁이후, 1381년에 아비뇽으로 옮김. ·베네딕트 13세 (1394-1417) 1409년 피사회의에서 폐위되었으나 거절함 ; 1417년 콘스탄스회의에서 폐위됨 ; 스페인으로 돌아가서 죽는 날까지 진정한 교황은 오직 자신 뿐이라고 주장.	·알렉산더 5세(1409-10) 피사회의에서 지명됨. ·요한 23세(1410-15) 1415년 콘스탄스회의에서 폐위. ·마틴 5세(1417-31) 콘스탄스회의에서 임명됨으로써 대분열이 종식.

30. 중세 에큐메니칼 회의

회 의	연 도	핵심인사	결 과
라테란 1차	1123	칼리스투스 2세	· 보름스협약을 확인. · 성직자의 결혼을 금지. · 십자군의 면죄를 허용.
라테란 2차	1139	이노센트 2세	· 반(反)교황 아나클레투스 2세의 추종자들을 파문. · 분열그룹을 정죄. · 라테란 1차회의 결정을 확정.
라테란 3차	1179	알렉산더 3세	· 카타리파를 정죄. · 추기경 2/3이상의 찬성으로 교황선출.
라테란 4차	1215	이노센트 3세	· 종교재판소 설립. · 프레드릭 2세 황제의 선출을 추인. · 마그나 카르타(대헌장) 선포. · 화체설 교리를 정비. · 프란시스코 수도원 인정. · 카다리파와 왈도파 정죄. · 5차 십자군 준비.
리용 1차	1245	이노센트 4세	· 프레드릭 2세 황제 폐위. · 사라센의 예루살렘 점령에 슬퍼함.
리용 2차	1274	그레고리 10세	· 필리오케 조항을 재확정함. · 새로운 수도단체를 금지. · 서방교회와 동방교회의 재결합시도. · 교황선출기간 중에 추기경들의 사례를 금지한다는 규정을 결정.
비인	1311-1312	클레멘트 5세	· 성전기사단 활동을 억제. · 새로운 십자군을 시도했으나 실패. · 베그하르트파[1]를 정죄.
피사	1409	피터 데일리 피터 필라기 구이드 말르섹	· 교황권에 대하여 공회의 우위권을 주장. · 그레고리 12세(로마)와 베네딕트 13세(아비뇽) 교황을 폐위시키고 알렉산더 5세를 선출함. · 상기의 결정을 확보할 실력의 부족으로 결국 3명의 교황이 존속.
콘스탄스	1414-1418	요한 23세 지기스문트 피터 데일리 존 거슨	· 상기 3인을 폐위시키고 마틴 5세를 선출함으로써 분리된 교황권을 정비함. · 존 후스를 파문. · 교회보다 공회의 우위적권위를 확인하고, 필요하면 수시로 회집할 것을 확정함.
바젤	1431-1449	마틴 5세 유진 4세 율리안 케사리니 쿠사의 니콜라스	· 교황이 공회의를 해산시키고자 하자, 이에 공회의의 권위를 재확인함. · 교황은 자신의 권위를 확보하기 위해서 공회의의 분열을 악용함. · 후스파와 타협안 체결.

역자주[1] 베그하르트파(Beghards)는 13세기 플란더스 지방에 세워진 평신도들의 반(反)왕정적 연합단체이다.

31. 종교개혁의 선구자

이 름	시 기	교회에 미친 영향			신 상 명 세
		교 리	활 동	권 위	
토마스 브래드워딘 Thomas Bradwardine	약 1290-1349	· 구원에 있어 하나님의 은혜를 강조			· 영국 신학자 및 수학자. · 1349년 캔터베리 대주교로 임명. · 흑사병으로 사망.
리미니의 그레고리 Gregory of Rimini	1358	· 구원에 있어 하나님의 은혜를 강조			· 이태리 철학자. · 어거스틴 수도사가 됨.
존 위클리프 John Wycliffe	약 1329-1384	· 화체설 부인	· 부의 교회 축적과 성직매매를 반대	· 성경의 권위를 강조	· 옥스포드 대학 교수. · 농노반란의 결과로서 해임 (1381년). · 라틴 벌게이트 성경의 대부분을 영어로 번역. · 그의 시체는 무덤에서 다시 파내어져 화장당함(1428년).
존 후스 John Huss	약 1373-1415	· 교회정화를 위하여 성례보다는 그리스도를 닮은 삶을 강조	· 성직매매와 성상숭배를 반대	· 성경의 권위를 강조	· 보헤미안 지방의 사제. · 프라그 대학의 교수. · 콘스탄스회의 결과에 의해서 화형당함.
베셀의 요한 Jonh of Wessel	약 1420-1489	· 화체설 부인	· 성직매매와 사제의 독신생활을 반대	· 성경의 권위를 강조	· 독일 신학자. · 공동생활형제단의 일원. · 자기신념을 철회한 후에 이단으로 정죄되어, 옥사함.
기롤라모 사보나롤라 Girolamo Savonarola	1452-1498		· 교황 무오설을 반대		· 이태리 도미니크 수도사. · 프로렌스에서 이단으로 목을 맨 채 화형당함.
데시데리우스 에라스무스 Desiderius Erasmus	약 1466-1536		· 교회의 비일관성과 위선을 공박		· 화란의 인문주의자. · 루터가 사용한 희랍어 신약성경을 편찬. · 「바보예찬」에서 교회의 타락을 혹독하게 풍자함.

32. 4인의 대종교개혁자

	마틴 루터 Martin Luther	울리히 쯔빙글리 Ulrich Zwingli	존 칼빈 John Calvin	존 낙스 John Knox
시기	1483-1546	1484-1531	1509-1564	1514-1572
출생지	독일 아이스레벤	수위스 상부 토겐부르크	프랑스 노용	스코틀랜드 하딩톤
교육	라이프찌히	비인, 바젤	파리, 오르레앙	성 앤드류
성직임명시기	1507	1506		1536
대표저서	·95개 조항 ·로마교황권에 대하여 ·독일귀족에게 드리는 글 ·교회의 바벨론유수 ·의지의 속박 ·대교리문답 ·소교리문답 ·로마서 강의 ·갈라디아서 강의 ·탁상토론	·자유와 음식의 선택에 관하여 ·67개 결론	·기독교 강요 ·성경 49권 주석	·괴물같은 여인들의 통치에 대한 제1차 나팔소리 ·스코틀랜드 종교개혁사
주요사항	·공동생활형제단에게서 영향받음. ·1505년 어거스틴 수도회에 입단. ·1508년 비텐베르크 대학에서 교수시작. ·1517년 95개조항 부착. ·1520년 파문당함. ·1521년 보름스의회에 소환됨. ·1521-34년 성경을 독어로 번역. ·1525년 농민반란을 반대함. ·1525년 「캐더린 폰 보라」와 결혼.	·에라스무스에 영향받음. ·존경할 만한 경력으로 성직을 받음. ·스위스에서 상인들의 매매행위를 금지. ·1518년 쮸리히로 부임하다. ·그의 종교개혁은 루터보다 더 급진적임. ·그가 박해받을 시, 일부 추종자들이 이탈하여 재침례파를 구성함. ·가톨릭 주(Canton)와 대항하다가 전쟁터에서 전사.	·파리에서 공부하던 중 개신교로 개종. ·1533년 파리로부터 탈출. ·1536년 파렐에 의해 설득되어 제네바를 개혁하는 일에 참여. ·제네바로부터 추방되어 스트라스부르크에서 정착, 그곳에서 결혼함. ·1541년 제네바 복귀, 종교개혁을 지도. ·유럽전역의 개신교 피난민들이 제네바로 몰려와서 칼빈의 사상을 배움.	·토마스 귈리암, 죠지 위시하르트에 영향받음. ·1년 반 동안 노예선에서 노예로서 생활. ·1549년 영국으로 가서 가톨릭에 반대하는 설교를 함. ·1553년 제네바로 가서 칼빈에게서 배움. ·1558년 엘리자베스 여왕이 왕위를 계승하자「제1차 나팔소리」를 출간. ·1559년 스코틀랜드로 돌아와서 종교개혁을 지도.

33. 기타 독일 종교개혁가

이 름	시 기	교 육	주 요 사 항
토마스 뮌쳐 Thomas Münzer	1490-1525	라이프찌히	· 초기에 루터의 영향을 받음. · 급진적 종교개혁의 기수가 됨. · 쯔비카우 예언자단과 연계됨. · 결과로서 레드(Led) 농민반란이 일어남. · 루터가 농민반란을 반대했다는 이유로, 그를 증오함.
안드레아스 폰 칼슈타트 Andreas Von Garlstadt	1480-1541	에르푸르트 콜로뉴	· 비텐베르크에서 루터의 동료였음. · 요한 에크에 대항해서 루터의 95개 조문을 변론함. · 교황의 칙령에 의해서 루터와 함께 파문당함. · 스위스 재침례파의 영향을 받고 루터와 결별.
필립 멜랑히톤 Philipp Melanchthon	1497-1560	하이델베르크 튀빙겐	· 에라스무스의 영향을 받음. · 21세에 비텐베르크 대학의 헬라어 교수가 됨. · 루터의 신학을 조직화하고 변호함. · 최초의 개신교 조직신학인 「로씨 커뮨스」를 저술함. · 개혁주의와 가톨릭과의 화해를 시도하고자 함.
마티아스 프라시우스 일리리쿠스 Matthias Flacius Illyricus	1520-1575	베니스 비텐베르크	· 루터와 멜랑히톤 밑에서 배움. · 비텐베르크 대학에서 히브리어 교수가 됨. · 멜랑히톤이 타협주의자라고 생각되어 그와 결별함. · 자기와 동의치 않는 자들을 격렬히 비판함.
마틴 쳄니츠 Martin Chemnitz	1522-1586	비텐베르크	· 멜랑히톤 밑에서 배움. · 비텐베르크 대학에서 철학을 가르침. · 브룬스빅에서 교회규율을 만듦. · 콩코드 의정서 작성을 도와줌.
자카리우스 우르시누스 Zacharias Ursinus	1534-1583	비텐베르크	· 제네바에서 칼빈을 방문. · 하이델베르크 브레슬라우에서 가르침. · 카스파 올레비아누스와 함께 하이델베르크 신앙고백서를 작성함. · 독일 개혁교회의 기수가 됨.
카스파 올레비아누스 Caspar Olevianus	1536-1587	파리 오를레앙 부르기스 제네바	· 프랑스 태생. · 칼빈과 베자 밑에서 수학. · 개혁주의적 계통을 따라 하이델베르크에서 교회를 조직하는 것을 도와줌. · 자카리아스 우르시누스와 함께 하이델베르크 신앙고백서를 작성함.

34. 기타 스위스 종교개혁가

이 름	시기	교 육	주 요 사 항
요한 외꼴람빠디우스 John Oecolampadius	1482– 1531	블로냐 하이델베르크	· 법학, 신학을 배움. · 저명한 문헌학자가 됨. · 에라스무스, 멜랑히톤, 루터로부터 영향받음. · 종교개혁 운동을 바젤에 정착시키는 데에 주요역할을 함. · 마르부르크 논쟁에 참여. · 쯔빙글리와 가까운 관계임.
귈라움 파렐 Guillaume	1489– 1565	파리	· 쟈끄 르페브르 밑에서 배움. · 프랑스로부터 추방당한 후 스위스에서 순회전도자가 됨. · 베른과 제네바에 종교개혁 운동을 도입하는데 큰 역할을 함. · 칼빈을 권유하여 제네바에서 교회를 개혁하는 데에 일하도록 권유함. · 노이샤텔에서 후반의 생애를 보냄.
마틴 부쳐 Martin Bucer	1491– 1551	하이델베르크	· 종교개혁의 화해자로 불리움. · 도미니크 수도사가 됨. · 인문주의 부문에서 에라스무스로부터 영향받음. · 루터를 접한 후 루터주의자, 급진적 도미니칸이 됨. · 스트라스부르크의 종교개혁을 이끌었으며, 거기서 칼빈에게 영향을 끼침. · 루터파와 개혁파, 가톨릭 간의 화해를 위해 힘씀. · 토마스 크랜머의 특별초빙으로 케임브리지에서 강의함.
하인리히 불링거 Heinrich Bullinger	1504– 1575	콜로뉴	· 에라스무스, 루터, 멜랑히톤의 영향을 받음. · 쮜리히에서 쯔빙글리를 계승함. · 제1차, 2차 헬베틱 신조 작성을 도움. · 장로회주의를 반대함.
데오도르 베쟈 Theodore Beza	1519– 1605	오르레앙	· 법학공부를 함. · 심한 질병 후 1548년에 개신교로 개종함. · 로잔과 제네바에서 헬라어를 가르침. · 제네바 아카데미의 학장이 됨. · 포이시 논쟁에서 개혁주의 개신교를 옹호함. · 제네바의 종교지도자로서 칼빈을 계승함. · 베자사본을 발견함. · 프랑스 위그노들에게 조언자가 됨.

35. 급진적 종교개혁

공동체	성격	핵심인물	활동지역	특이점
재침례파 Anabaptists	성경적	콘라드 그레벨 펠릭스 만즈 게오르그 블라우록 루드비히 햇쩌 발트하자르 휘브마이어	·스위스의 쥬리히등지 신성로마제국 내 산발 적으로	·교회와 국가간의 관계를 끊음. ·교회는 신자들로 구성된 자발적 공동체와 동일시함. ·유아세례를 거부. ·엄격한 교회치리를 실천. ·평화주의자. ·어떤 공동체는 상품교환 기능도 구비. ·전체를 위한 종교적 인내 보유. ·삶에서 단순성을 유지. ·어떤 공동체는 미카엘 새틀러의 쉴라이트하임 신앙고백을 따름. ·어떤 공동체는 신비적 경향이 있음.
후터파 Hutterites	공동체적	야곱 후터	·모라비안 후에 미국 다코다주와 카나다 서부지역	
쉬벵크펠트파 Schwenk-felders	신비적	캐스파 쉬벵크펠트 폰 오씨히	·독일 후에 미국 펜실바니아주	
메노나이트파 Mennonites	성경적	메노 시몬즈	·화란 후에 미국 펜실바니아주 등지	
아밋슈파 Amish	성경적	야곱 암만	·스위스 후에 미국 펜실바니아주 등지	

36. 영국 종교개혁가

이 름	시 기	교육기관	주 요 사 항
윌리엄 틴델 William Tyndale	약 1494-1536	옥스포드 캠브리지	· 강제 추방당한 후 신대륙에서 영어로 신약성경을 번역출판함. · 그의 적들 때문에 전 유럽을 떠돌아 다님. · 부뤼셀에서 잡혀서 처형됨.
토마스 크롬웰 Thomas Cromwell	약 1485-1540	이상	· 울시 추기경의 보좌역 역임. · 의회원이 됨. · 헨리 8세 밑에서「장군 대행(代行)」직에 오름. · 수도원 해산을 감독. ·「대성경」번역과 발간을 격려. · 헨리 8세와 독일 루터파 사이에 결혼동맹을 맺도록 시도. · 모반죄로 파면당함.
토마스 크랜머 Thomas Cranmer	1489-1556	캠브리지	· 헨리 8세가 아라곤의 캐더린과 이혼하는 것을 지지함. · 1533년 캔터베리 대주교로 임명됨. · 헨리 8세와 에드워드 6세 치하에서 온건한 개혁을 지휘. · 제 1, 2차 일반기도서 제작에 힘씀. · 메리 튜도 여왕 치하에서는 모반죄와 이란죄로 체포됨. · 고문으로 자신의 입장을 변경함. 그러나 그 변절을 철회했다는 이유로 화형당함.
휴 라티머 Hugh Latimer	약 1485-1555	캠브리지	· 1535년 워체스터 주교가 됨. · 헨리 8세 때 두번 투옥됨. · 에드워드 6세 때 지도적인 설교자가 됨. · 메리 튜도 여왕 치하시 옥스포드에서 화형당함.
니콜라스 리들리 Nicholas Ridley	약 1500-1555	캠브리지	· 크랜머에 이어 나중에는 헨리 8세의 설교자가 됨. · 1547년 로체스터 주교가 됨. · 1550년 런던 주교가 됨. · 제 1, 2차 일반기도서 제작을 도와줌. · 라티머와 함께 화형당함.
존 후퍼 John Hooper	약 1495-1555	옥스포드	· 어거스틴 수도원에 입단. · 개신교로 개종, 그후 영국에서 탈출. · 쥬리히 거주시 불링거와 친교를 나눔. · 글루체스터와 워체스터의 주교가 됨. · 메리 튜도 여왕 치하시 화형당함.
마일스 커버데일 Miles Coverdale	1488-1568	캠브리지	· 어거스틴 수도원에 입단. · 개신교로 개종. 그후 영국에서 탈출. · 틴델의 번역을 도움. · 틴델의 사후 틴델 번역본을 완성함. ·「대성경」과「제네바성경」에 참여. · 1551년 엑세스터 주교로 임명. · 메리 튜도 치하에서 추방됨.
매튜 파커 Matthew Parker	1504-1575	캠브리지	· 앤 볼린의 설교자. · 나중에 잉글랜드 거주시 부처와 친분 맺음. · 메리 튜도 여왕 치하 때 도피함. · 1559년 캔터베리 대주교 서임을 마지못해서 수락함. ·「엘리자베스 문서」에 참여. · 청교도를 반대함.

37. 영국 청교도

이 름	시 기	교육기관	교파적성향	대 표 저 서	주 요 사 항
토마스 카트라이트 Thomas Cartwright	1535–1603	캠브리지	장로교회	거룩한 권징	· 장로교를 옹호했다는 이유로 캠브리지에서 교수직이 박탈 · 제네바에서 지냄. · 청교도를 옹호했다는 이유로 수차례 투옥.
헨리 제이컵 Henry Jacob	1563–1624	옥스포드	회중교회		· 브라운 운동의 일부로 활동 · 레이든의 「존 로빈슨의 교회」 회원. · 사우스와크에서 잉글랜드 최초로 지속적인 회중교회로 설립.
올리버 크롬웰 Oliver Cromwell	1599–1658	캠브리지	회중교회		· 1623년부터 의회원임. · 시민전쟁시 의회군을 지휘함. · 찰스 1세의 처형 후 「영국 보호주」로 즉위. · 1656년 왕위수여를 거절함.
토마스 굿윈 Thomas Goodwin	1600–1679	캠브리지	회중교회	설교모음집	· 존 코튼의 영향 때문에 분리주의자가 됨. · 라우드 대주교의 대학살 후에 화란으로 이주함. · 웨스트민스터 의회시 회중교회 대표자들을 지도함. · 크롬웰의 자문관 역임.
존 밀턴 John Miltion	1608–1674	캠브리지	회중교회	아레오파기티카[1] 실낙원	· 청교도 시인이자 선동적 저술가. · 라우드 대주교 때문에 영국국교 반대를 결정. · 크롬웰 밑에서 정부요직을 거침. · 왕정복고 후에는 실각.
리차드 백스터 Richard Baxter	1615–1691		영국국교회	· 성도의 영원한 안식. · 개혁되어진 목사. · 불신자를 향한 초청.	· 그 시대의 정치적 신학적 논쟁에는 유보하는 자세를 취함. · 찰스 2세의 궁정설교자로 봉직.

역자주[1] 아로오파기티카(Areopagitica)는 언론의 자유를 논한 책으로 청교도 혁명에 기여했다.

영국 청교도(계속)

이 름	시 기	교육기관	교파적성향	대 표 저 서	주 요 사 항
존 오웬 John Owen	1616-1683	옥스포드	회중교회	히브리서	· 12세에 옥스포드 입학 ; 19세 때 학사학위 받음. · 시민전쟁시 의회파를 지원함. · 크롬웰의 궁정설교자로 봉직. · 옥스포드대학 부총장 역임.
존 번연 John Bunyan	1628-1688		침례교회	순례자의 진보 성전(聖戰) 죄인들에게 부어지는 은혜	· 땜장이 출신. · 의회군으로서 참전. · 베드포드에서 침례교 설교자가 됨. · 왕정복고 후 12년 동안 수감됨.
존 플라벨 John Flavel	약 1630-1691	옥스포드	장로교회	영혼의 위로 은혜의 방법	· 「클라렌든 문서」로 말미암아 추방되기까지 다트머스에서 목회자로 활동. · 1671년 목회활동으로 돌아옴.
존 하우에 John Howe	1630-1706	캠브리지 옥스포드	영국국교회	올바른 자에게 주는 축복	· 오랜기간 그레이트 토링턴에서 목회활동 함. · 올리버 크롬웰의 궁정설교자였다가 나중에는 리차드 크롬웰의 설교자로 봉직. · 청교도에 대해서 호의적임.
조셉 알레인 Joseph Alleine	1634-1668	옥스포드	장로교회	불신자에게 주는 경고	· 1663년에 자신의 집에서 시편을 찬송하고 가족에게 설교를 했다는 이유로 투옥됨.
매튜 헨리 Matthew Henry	1662-1714	집에서 부친으로부터 배움	장로교회	매튜 헨리 주석	· 법률을 독학함. · 1687-1712년 체스터의 목사로 활동. · 아직도 사용되고 있는 6권의 헌신적인 주석을 씀.

38. 가톨릭 반동종교개혁의 지도자

이 름	시기	출생국	교육기관	주 요 사 항
토마스 드 토퀘마다 Tomas De Torquemada	1420-1498	스페인	발라돌리드	· 도미니크 수도원에 입단. · 페르디난드와 이사벨라의 고해신부 역임. · 최초의 스페인 종교재판소의 장이 됨. · 스페인에서 유태인과 무어족을 추방하는데 적극적임.
프란시스코 지메네스 Francisco Jimenes	1436-1517	스페인	살라만카	· 유명한 스페인 설교가. · 프란시스코 수도원에 입단. · 이사벨라 여왕의 고해신부 역임. · 톨레도의 대주교, 후에 추기경이 됨. · 알칼라 대학을 설립. · 컴플루텀(Complntum)판[1] 대역성경 제작을 감독.
지오반니 카라파 [바울 4세] Gioranni Caraffa	1476-1559	이태리	나폴리	· 1506년 치에트의 주교가 됨. · 교황의 특사로 영국 플란더스, 스페인을 방문. · 1524년 「쎄아틴」[2] 건립을 도와줌. · 1536년 추기경 서품. · 1555년 교황이 됨. · 금서 목록을 발간.
자코포 사돌레토 Jacopo Sadoleto	1477-1547	이태리	피사 페라로 로마	· 레오 10세와 클레멘트 7세의 비서관으로 근무. · 1536년 다른 개혁자들과 함께 추기경으로 서품. · 멜랑히톤과 칼빈에게 편지함으로써 이들을 가톨릭 교회와 화해시키고자 시도. · 그의 개혁 사상은 계층제 조직에 의해서 무시되어짐.
가스파로 콘타리니 Gasparo Contarini	1483-1542	이태리	파두아	· 베니스의 대사로서 영국, 스페인, 이태리로 파견. · 1536년 추기경 서품. · 개신교와의 화해를 시도. · 1541년 레겐스부르크에서 멜랑히톤과 부처와 함께 「칭의 개념」에 합의함.
이그나시우스 로욜라 Ignatius Loyola	1491-1556	스페인	알칼라 살라만카 파리	· 군인이었으나, 1521년 부상하여 다리를 절게 됨. · 도미니크 수도원에 입단. · 「영적 훈련」을 저술. · 1534년 「예수회」를 창설. · 1551년 로마 대학을 설립.

역자주[1] 1513-17년 컴플루텀(Complutum)에서 제작된 수개국어 대역성경으로서, 마쏘라 텍스트, 탈굼역(5경만), 70인경, 라틴역본, 그리고 희랍어 신약성경으로 되어 있다.

역자주[2] 1524년 이탈리아에 설립된 사제단으로서, 루터교에 대항하여 복음을 전파하고, 성직자와 평신도의 윤리의식을 고양시키는데 그 목적이 있다.

가톨릭 반동종교개혁의 지도자(계속)

이 름	시기	출생국	교육기관	주 요 사 항
레지날드 폴 Reginald Pole	1500-1558	영국	옥스포드 파두아	· 헨리 8세의 결혼을 반대했다는 이유로 추방. · 1536년 추기경. · 영국을 가톨릭 국가로 회복시키고자 노력. · 크랜머를 계승하여 캔터베리 대주교가 됨.
미첼리 기슬리에리 [파이우스 5세] Michele Ghisleri	1504-1572	이태리	보스코	· 도미니크 수도원에 입단. · 로마 종교재판소를 관장. · 1557년 추기경, 1566년 교황이 됨. · 화란과 프랑스에서 개신교를 분쇄하는데 기여. · 영국의 엘리자베스 1세를 파문함.
제임스 레이네즈 James Laynez	1512-1565	스페인	알칼라 파리	· 6인의 예수회 설립자 중의 한 사람. · 개신교에 대항하여 강경하게 설교함. · 예수회의 장이 됨. · 트렌트 종교회의시 교황파를 이끌었고, 반(反)프로테스탄트 신조를 작성하는데 일조했다.
피터 카니시우스 Peter Canisius	1521-1597	독일	콜로뉴	· 1543년 예수회에 입단. · 남부 독일에서 반동종교개혁의 기수가 됨. · 3개의 신앙고백서를 작성했는데, 그것은 12개 국어로 번역되어 널리 퍼졌음.
찰스 보로메오 Charles Borromeo	1538-1584	이태리	아로나	· 12세에 아로나 수도원의 원장이 됨. · 1559년 추기경이 되고, 1560년 밀라노 대주교를 겸직. · 트렌트 종교회의 때에 적극적인 개혁세력이 됨. · 많은 학교와 고아원을 건립.
로버트 벨라민 Robert Bellamine	1542-1621	이태리	파두아 루뱅	· 1560년 예수회에 입단. · 루뱅 대학에서 신학교수가 됨. · 당대의 유명한 변증가. · 1599년 추기경에 서품. · 갈릴레오의 학설을 반대.

39. 프랑스 위그노의 지도자

이 름	시 기	신교운동 중 역할	주 요 사 항
가스파르 드 꼴리니 Caspard De Coligny	1519–1572	군인	· 귀족출신. · 1552년 프랑스 장군 임명. · 화란의 스페인 감옥에 있을 때 개신교 신자가 됨. · 찰스 9세의 자문관 · 브라질, 플로리다에 위그노 식민주를 건설. · 성 바돌로매 축일 대학살 때 살해당함.
안네 뒤 브르그 Anne Du Bourg	약 1520–1559	순교	· 법학공부. · 오르레앙 대학에서 강의. · 1559년 개신교주의의 옹호가로 유명해짐. · 이단으로 정죄받아 목을 매단채로 화형당함.
필리피 뒤플레시스 모네 Philippe Duplessis-mornay	1549–1623	정치가	· 나바르의 헨리의 자문관 · 영국과 화란대사 역임. · 사우무의 행정관 역임. · 사우무 대학 설립. · 개혁신앙의 옹호를 위해 저술 활동.
헨리 4세 Henry Ⅳ	1553–1610	군인	· 위그노인 나바르의 부르봉 가문 출신. · 1572년 가톨릭신자인 발로아의 마가렛과 결혼. · 꼴리니 장군 사후 위그노를 지도함. · "파리는 미사가 더 적합하다"고 하면서 가톨릭으로 전향한 후, 최초의 부르봉 왕가를 이룸. · 1598년 위그노의 자유를 허용하면서 낭트칙령을 반포. · 1610년 가톨릭 광신자에 의해서 암살당함.
삐에르 뒤 물랭 Pierre Du Moulin	1568–1658	목사	· 캠브리지 대학에서 수학. · 레이든대학에서 강의. · 오랫동안 차렌튼의 개혁교회에서 목회활동을 함.
장 데일리 Jean Daille	1594–1670	신학자	· 사우무에서 수학. · 듀플레시스-모네이의 담당목사가 됨. · 국수주의적인 출판물의 권위를 공격. · 아미랄리안주의를 옹호.
모세 아미로 Moses Amyraut	1596–1664	신학자	· 사우무의 스코틀랜트 출신인 존 캐머른 밑에서 수학. · 사우무 대학의 교수 역임. · 칼빈주의와 알미니안 주의와의 화해를 시도 : 이 입장을 아미날드주의라고 함.
삐에르 쥐리에 Pierre Jurieu	1637–1713	신학자	· 사우무에서 수학. · 개혁신앙을 옹호. · 계시록에서 위그노의 회복을 예견한다고 믿음. · 루이 14세에 대한 과격한 폐위계획을 옹호. · 세방 전쟁시 카미사드파[1](Camisards)로부터 선지자로 인정됨.
안톤 쿠 Antoine Court	1696–1760	목사	· 루이 14세 박해시 광야교회를 이끎. · 로잔에 위그노 목회자 양성소를 만들어 30년 동안 운영. · 개혁교회 지도자와 많은 서신을 교환.
폴 라봇 Paul Rabaut	1718–1794	목사	· 로잔의 학교에서 수학. · 지하 광야교회에서 사역. · 프랑스 개혁교회의 지도자로 활동. · 개신교 신자들이 항구적인 신앙의 자유를 획득하는 데에 주요 역할을 함.

역자주[1] 카미사드(Camisard)는 1702년 루이 14세에 대항한 프랑스 과격 개신교 운동가이며, 그의 추종자들에 의해서 본 운동은 과격하게 진행되어졌다.

40. 종교개혁 시대의 종교전쟁

전쟁	시기	발생지역	주요참여자	핵심지도자	결과
농노반란	1524-1525	독일	·농노 : 귀족	·토마스 뮌쳐 ·헤세의 필립	·농노들의 치명적 타격. ·12개 조항.
카펠전쟁	1529, 1531	스위스	·가톨릭 주 : 개신교 주	·울리히 쯔빙글리	·쯔빙글리의 죽음과 개신교의 참패.
쉬말칼트전쟁	1546-1555	독일	·독일 개신교 : 신성로마제국	·찰스 5세 황제 ·헤세의 필립 ·삭소니의 존 프레드릭 ·삭소니의 모리스 백작	·개신교의 참패. ·휴전성립. ·새로운 적개심 파생. ·루터파가 법적으로 인정됨. ·아우구스부르크 종교화의(宗教和議). ·제후들의 종교자치권 인정.[1]
화란혁명	1559-1579	화란	·스페인 : 화란	·필립 2세 ·침묵자 윌리암	·화란은 북부(홀랜드)에 위치한 유트레히트를 중심으로 한 개신교 연합지역과 남부(벨지움)에 위치한 아라스의 가톨릭 연합지역으로 양분됨.
30년전쟁	1618-1648	독일, 중부유럽	·신성로마제국 ·독일 ·덴마크 ·스웨덴 ·프랑스 ·스페인	·선제 후 프레드릭 5세 ·페르디난드 황제 ·구스타푸스 아돌푸스 ·바바리아의 막시밀리안 백작 ·요한 틸라 ·크리스챤 4세 ·알브레히트 발렌스타인	·베스트팔리아 평화조약. ·정치적·종교적 국경이 확정됨. ·제한된「종교의 자유」를 보장. ·예수회 수사들이 개신교 지역에서 철수됨. ·칼빈주의가 인정받음.

역자주[1] 아우구스부르크 종교화의에서 결정된 것으로서 Cuius Regio, Eius Religio라고 부른다. 이 원칙에 의해서 루터교 제후들은 자신의 영지 내에서 종교적인 문제들을 통제해 나갈 수 있는 권한을 확보하게 되었다.

41. 신학적 잇슈(Ⅰ) 개신교 대 가톨릭

구 분	잇 슈	개 신 교	가 톨 릭
성 경	충족성	·오직 성경으로만	·전통에도 성경과 동등한 권위 부여.
	외경	·부인	·채택
인간론	원죄	·전적타락과 아담의 원죄 유전.	·아담으로부터 유전된 타락과 죄의 속성 인정.
	인간의 의지	·죄에 얽매여 있음.	·영적 선을 추구할 능력 있음.
구원론	예정	·하나님의 뜻에 기초함.	·하나님의 예지에 기초함.
	속죄	·그리스도의 대속적 죽음에 의해서.	·구원의 은혜를 주시는 그리스도의 죽음 덕분에, 또한 축복은 성례를 통하여 죄인들에게 임한다.
	하나님의 은혜	·모두에게 내리는 일반은총 ; 선택받은 자에게 주어진 구원은총.	·선행적(先行的) 은총 즉, 영세를 통하여 믿게하는 은혜 : 의지와 함께 협력하여 순종케 하는 효과적 은혜
	선행	·인간의 자랑할 만한 업적이 아니라 하나님의 은혜에 의해서 발생됨.	·선행상을 받음.
	중생	·선택하시는 성령님의 사역에 의해서.	·세례 때 발생되어지는 은혜에 의해서.
	칭의	·객관적이고, 최종적이며, 법정적인 하나님의 행위.	·세례 때 받은 죄의 용서는 도덕적 죄를 범함으로써 잃어버리기도 하고, 또한 고행에 의해서 다시 획득되어 지기도 한다.
교회론	교회와 구원	·보이는 교회와 보이지 않는 교회의 구분.	·[보이는]교회 밖에는 구원이 없다.
	성례	·오직 믿음으로 받는 은혜의, 수단일 뿐.	·의롭다고 하고 성화시키는 은혜를 전달함. 화체설.
	제사장직	·만인 제사장설	·하나님과 인간사이의 중재자
	화체설	·부인	·승인
종말론	연옥설	·부인	·승인

42. 신학적 잇슈(Ⅱ) 루터파 대 개혁파

잇 슈	루 터 파	개 혁 파
구원 서정	· 소명, 조명, 회심, 중생, 칭의, 성화, 영화.	· 선택, 예정, 그리스도와의 연합, 소명, 중생, 신앙, 회개, 칭의, 성화, 영화.
하나님의 은혜	· 세례와 설교를 통하여 은혜를 받음. 그래서 하나님의 중생케하는 은혜를 저항할 수도 있게 됨.	· 불가항력적 은혜.
회개	· 신앙에로 이끎.	· 신앙에서 나옴.
세례	· 중생케하며 죄와 죄의 능력을 없앰.	· 은혜의 언약에로 결합시킴.
주님의 만찬 (성찬)	· 객관적으로 성례시 그리스도가 현존함.	· 신자들에게 은혜의 언약의 인침을 받았다는 표시 : 믿음에 의해서 그리스도는 현존한다.
교회와 국가	· 개신교를 지지하는 통치자는 믿음 안에서 국가교회를 교도한다.	· 신성공화국에서 교회와 국가는 모두 기독교적이지만, 각기 그들의 분리된 기능을 수행해야 한다.
규정원칙	· 성경에서 금지되지 않은 어떤 것이라도 허용됨.	· 성경에서 허용되지 않은 어떠한 것이라도 금지됨.

43. 신학적 잇슈(Ⅲ) 칼빈파 대 알미니안파

잇 슈	칼 빈 파	알 미 니 안 파
원죄	·전적타락과 아담으로부터 유전된 죄 인정.	·아담으로부터 유전된 약함 인정.
인간의지	·죄에 매여 있음.	·영적 선을 행할 자유.
하나님의 은혜	·모든 사람에게 주어진 일반은총 ; 선택에 주어진 구원은총.	·모든 사람에게 주어진 가능한 은총 ; 믿는 사람들에게 주어진 구원은총 ; 순종하는 사람들에게 주어진 견인은총.
예정	·하나님의 선포에 기초함.	·하나님의 예지에 근거함.
중생	·하나님 단독적	·협력적
속죄	·그리스도의 대속적 죽음.	·죄인의 자리에 대신하여 하나님께서 받아들인 그리스도의 희생적 죽음에 의해서.
속죄영역	·선택자에게만	·모든 사람에게
속죄의 적용	·하나님의 의지에 따른 성령의 능력에 의해서.	·죄인의 의지에 따른 성령의 능력에 의해서.
구원서정	·선택, 예정, 그리스도와의 연합, 소명, 중생, 신앙, 회개, 칭의, 성화, 영화.	·소명, 신앙, 회개, 중생, 칭의, 견인, 영화.
견인의 은총	·하나님의 은혜에 의해, 선택받은 자 모두가 견인이 주어짐.	·견인의 은총은 순종 여부에 따라.

44. 개신교 교파 가계

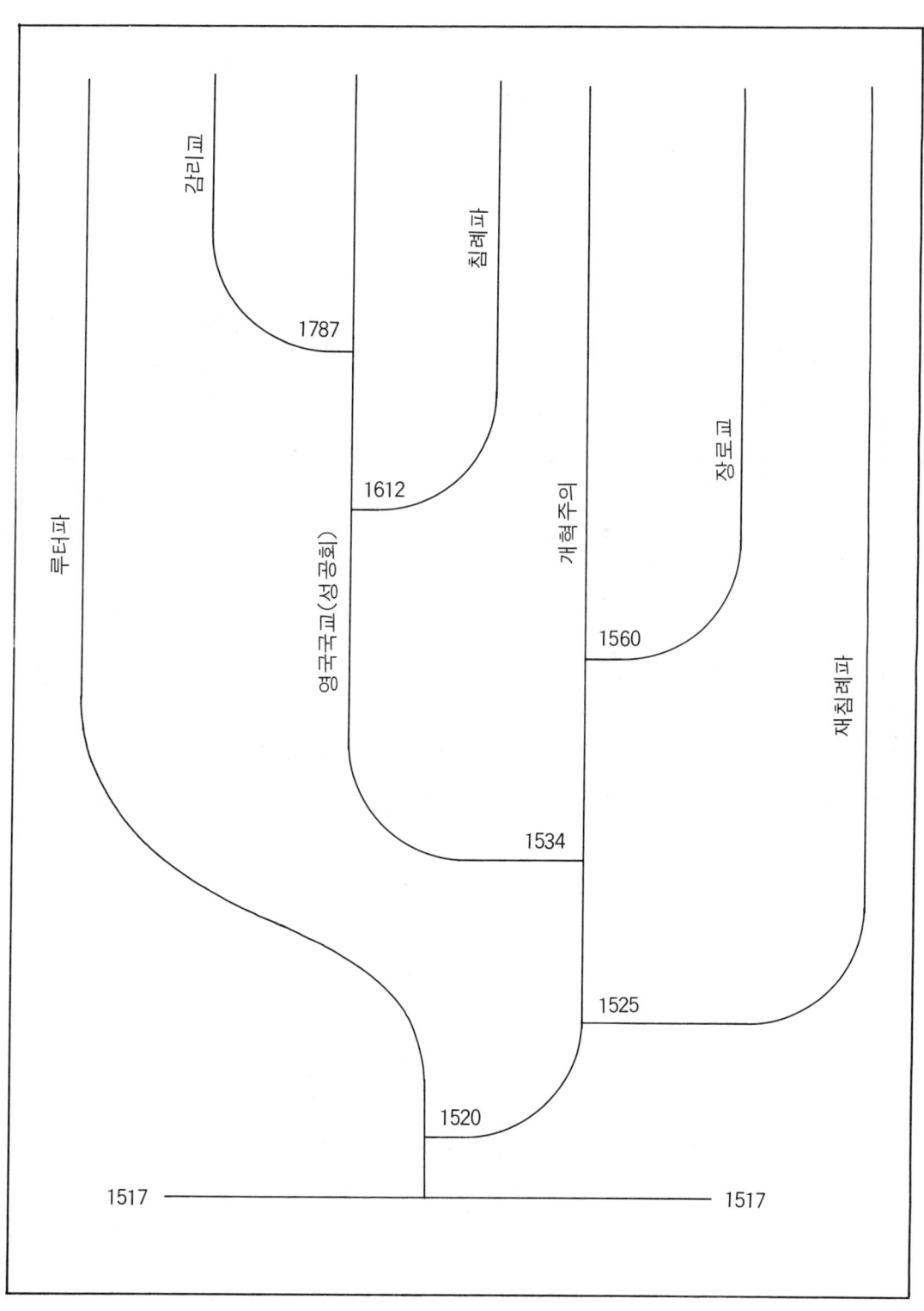

45. 영국 이신론자(理神論者)와 그 대항자

	이 름	시기	대표저서	논쟁내용
이신론의 선구자	토마스 홉즈 Thomas Hobbes	1588- 1679	레비아단 베헤못	· 모든 지식은 감각과 이성으로부터 나온다. · 성경은 이성에 기여하지 못한다. · 모든 존재는 물적 기반만을 가진다.
	존 로크 John Locke	1632- 1704	기독교의 이성 인간오성에 관한 수필	· 계시는 이성과 상반되는 게 아니다. · 경험론(tabular rasa)을 주장. · 지식은 감각에 의한 반영이다.
	아이작 뉴튼 Isaac Newton	1642- 1727	수학원리	· 그의 기계론적 우주관이 이신론자들에게 큰 영향을 줌.
주요 이신론자	에드워드 허버트 Edward Herbert 로드 체버리 Lord Cherbury	1583- 1648	진리에 대하여	· 몽테뉴의 영향받음. · 초자연적 계시는 신앙에 필수적인 것이 아님.
	존 톨란드 John Toland	1670- 1722	신비롭지 않은 기독교	· 기독교가 이미 알려져 있지 않은 어떤 것을 소개하고 있음을 부인함.
	안소니 콜린스 Anthony Collins	1676- 1729	자유로운 생각에 대한 강화 기독교의 기초와 이성에 대한 강화	· 성경저자들이 자유로운 사고의 소유자이기 때문에, 우리도 그래야 한다. · 구약 선지자들과 그리스도의 삶 사이에 아무런 상응관계가 없다.
	매튜 틴데일 Matthew Tindal	1655- 1733	창조만큼 오래된 기독교	· 자연종교의 절대적 충족성을 주장. · 기독교는 자연종교에 의해서 검증되어져야 함을 가르침. · 창조는 완벽하며, 그래서 어떤 것도 첨가될 필요가 없음을 선언.
	토마스 울스턴 Thomas Woolston	1669- 1733	우리구주의 기적에 관한 6개의 강화	· 신약의 기적은 사실적이라기보다 상징적임. · 부활은 제자들에 의해서 저질러진 속임수는 아니라고 함.

영국 이신론자와 그 대항자 (계속)

	이 름	시기	대표저서	논쟁내용
이신론에 대한 변증가	조지 버클리 George Berkeley	1685–1753	알키프론[1]	· 실재의 근거는 물질이 아니고 신의 관념들임.
	윌리암 로 William Law	1686–1761	이성의 사례	· 틴데일의 주장을 논박. · 하나님의 행위가 항상 인간이 성을 따르는 것은 아니라고 주장. · 그의 헌신적 사역은 존 웨슬레에게 강한 영향을 줌.
	조셉 버틀러 Joseph Butler	1692–1752	종교의 비유	· 이신론의 최대 반대자. · 그의 「종교의 비유」책은 200년간 변증서로 쓰여짐. · 자연종교는 보충적인 계시 없이는 불충분하다고 가르침. · 계시종교에서 추정된 진리는 자연종교에서 추정된 진리만큼 강하다고 주장.
	윌리암 와버튼 William Warburton	1698–1779	모세에 대한 하나님의 위임. 자연종교와 계시종교의 원리.	· 사후세계에 대한 가르침이 없다는 것을 근거로 구약 성경의 신적 기원을 논증하려고 시도.
	윌리암 팔리 William Paley	1743–1805	기독교의 증거에 대한 견해. 자연신학.	· 반 이신론 변증가에게 좋은 소재를 제공. · 신 존재 증명을 위해, 고전적 형태의 목적론적 논증을 제공.

역자주[1] 부제는 「세심한 철학자(The Minute Philosopher)」로서 대화체의 작품이다.
    이 책은 이신론과 자유 사상가에 대한 공격이자, 기독교에 대한 강한 옹호이며, 시각언어와 유추인식, 종교적 논법에 있어서의 언어기능을 논하였다.

46. 독일 경건주의와 영국 감리교 — 비교

	경 건 주 의	감 리 교
설립자	필립 야곱 스페너	요한 웨슬레 [1703-1791]
종교적 입장	종교개혁후기 학문적 루터주의의 정체된 정통주의	후기 청교도적 영국국교의 이성적 이신론
설립의 기초가 되는 책	스페너, 「경건한 열망」	윌리암 로, 「헌신과 거룩한 삶에로의 진지한 소명」
교육센터	할레대학	옥스포드 대학
조직	컨벤티클	규칙자 사회(Methodist Societies)
핵심인물	· 아우구스트 H. 프랑케 [1687-1727] · J. A. 벵겔 [1687-1752] · 니콜라우스 루드비히 폰 진젠도르프 [1700-1760] · 피터 보엘러 [1712-1775] · 알렉산더 맥 [1679-1735]	· 찰스 웨슬레 [1707-1788] · 조지 휫필드 [1714-1770] · 토마스 콕 [1747-1814] · 프란시스 애즈베리 [1764-1842] · 셀리나 헤이스팅스, 헌팅돈의 카운티스 [1707-1791]
교회에 미친 영향	· 형제단교회 · 모라비안교회	· 감리교회 · 칼빈주의적 감리교 [헌팅돈의 귀부인 단체]
공통점	· 실천적 거룩 · 개인 성경공부 · 근본적인 회심요구 · 복음적 설교 · 헌신적 삶 · 가난한 자와 약한 자의 구제 · 교리보다 실천에 주력	
감리교에 미친 경건주의의 영향	· 웨슬레형제가 미주 조지아로 가는 배에서 모라비안교도들을 만나고, 거기서 그들의 조용한 확신에 깊이 감명받는다 [1735]. · 모라비아교도인 스팡엔베르그가 조지아에서 요한 웨슬레에게 의문점을 제시한다. · 요한 웨슬레가 런던에서 모라비안교도들을 찾다 : 보엘러가 그의 회심에 도움이 되다 [1738] · 요한 웨슬레가 헤른후트로 가서 진젠도르프를 만나다 [1738] · 규칙자 사회가 결성되고, 「경건주의자 비밀집회」를 모델로 하다 [1738]	

47. 존 웨슬레와 조지 휫필드 – 대조

	웨 슬 레 (Wesley)	휫 필 드 (Whitefield)
출생	· 엡워스에 있는 영국국교 신부의 아들	· 글루체스터에 있는 여인숙관리인의 아들
유년시절	· 어머니 수산나 밑에서 엄격한 종교 교육을 받음.	· 휫필드가 2살 때 과부가 된 어머니 엘리자벳의 세속적 영향 속에서 성장.
회심	· 35세 때, 런던의 「맬더스개이트」가에서	· 21살 때 옥스포드 대학에서.
성직서품 받은 때	· 1728년 25세 때, 영국교회	· 1736년 22세 때, 영국교회
설교 스타일	· 지적이고, 교리적	· 극적이고, 감정적
교리	· 알미니안 [비록 화란 알미니안주의자들 보다 반(半) 어거스틴적 경건주의에 가깝지만]	· 칼빈적
조직력	· 특별한 조직가 ; 규칙자 사회의 전체조직을 개인의 통솔력으로 장악함.	· 능숙한 조직가, 그러나 설교하기를 좋아하고, 또다른 사람들을 조직하기 위해서 떠나는 일을 자주한다.
국외활동	· 조지아에서 선교사역을 했으나 실패 후에 스코틀랜드와 에이레에서 설교함. · 미국 내 사역을 위하여 감독을 지명함.	· 14번씩이나 스코틀랜드를 방문하고 캠버슬랑 부흥에 참여함. · 미국을 7번 방문하고, 제 1차 대각성 운동의 촉매역할을 함.
유산	· 감리교회	· 칼빈주의적 감리교 ; 영국내 교회들이 복음적 입장을 취하는 데에 기여.

48. 기타 유럽의 부흥사

국 가	시 기	주요 지도자	결 과
웨일즈 (영국)	18세기 중엽	· 하웰 해리스 [1714-1773] · 다니엘 로우랜드 [1713-1790] · 윌리엄 윌리엄스 [1717-1791]	· 웨일즈 지방에 건립된 칼빈주의적 감리교회.
	19세기 초엽	· 크리스마스 에반스 [1766-1838] · 존 엘리아스 [1774-1841]	
	· 20세기 초엽	· 이반 로버츠 [1878-1951]	
스코틀랜드	19세기 초·중엽	· 로버트 할데인 [1768-1851] · 토마스 찰머스 [1780-1847] · 로버트 머레이 맥케인 [1814-1843]	· 가정 복음화를 위한 협회. · 스코틀랜드 자유교회.
스위스	19세기 초·중엽	· 로버트 제임스 [1768-1851] · 케사르 말란 [1787-1864] · 프랑세스 고슨 [1790-1863] · J. H. 메를리 도빙 [1794-1872]	· 제네바 복음주의 협회. · 제네바 복음신학교.
프랑스	19세기 초·중엽	· 프레드릭 모노 [1794-1863] · 아돌프 모노 [1802-1856]	· 프랑스 복음적 교회 연맹. · 기독교 아카데미.
화 란	19세기 말엽	· 그로엔 반 프린스터러 [1800-1867] · 아브라함 카이퍼 [1837-1920]	· 화란 자유개혁 교회. · 암스텔담 자유 대학.

49. 영국의 복음적·사회적 개혁자

이 름	시 기	사회관심영역	주 요 사 항
존 뉴튼 John Newton	1725– 1807	노예폐지	· 노예선 선장 출신. · 영국국교 신부. · "놀라운 은혜" 등 여러 찬송가 작시. · 노예금지에 관한 윌버포스에 영향미침.
존 하워드 John Howard	1726– 1790	교도소 개선	· 프랑스에서 해적죄로 수감. · "교도소 실태"를 저술. · 그의 영향은 전 유럽에 미침.
로버트 래이크스 Robert Raikes	1735– 1811	도시빈민 교육	· 신문사 편집인. · 주일학교를 대중화시킴. · 존 웨슬레가 격려함.
그랜빌 샤프 Granville Sharp	1735– 1813	노예 폐지	· 클라팜 모임과 연관. · 시에라 레온 설립에 집중. · 1772년 잉글랜드 노예해방에 기여.
윌리엄 윌버포스 William Wilberforce	1759– 1833	노예폐지	· 가장 위대한 영국 노예폐지론자. · 클라팜 모임의 한 구성원. · 오랫동안 의회활동. · 영국과 외국에 성서공회를 돕기도 하고 설립도 함. · 그의 업적은 대영제국(영연방포함) 전체에 노예무역이 폐지되고, 노예해방을 이루는 데에 있음.
에이 에이 쿠퍼 A. A. Cooper [샤프테스베리의 7번째 백작]	1801– 1885	장애자에 대한 인간적 치유 노동법 개선	· 의회에서 오랫동안 활동. · 루너시 위원회를 이끔. · 부녀자와 어린이 보호를 위한 노동법조항을 삽입.
죠지 뮐러 George Müller	1805– 1898	고아들을 돌봄	· 플리머스 형제단의 한 구성원. · 브리스톨에 믿음 고아원을 건립, 그러나 고아원 운영을 위하여 기부금을 받은 적이 없음. · 경건주의자 A. H. 프랑케의 영향을 받음.
윌리엄 부스 William Booth	1829– 1912	도시빈민	· 감리교 목사. · 「영국의 암흑기에서」 저술. · 구세군 설립.

50. 독일 자유주의 신학자

이 름	시기	대표저서	주요사항
에프 씨 바우르 F. C. Baur	1762- 1860	·예수 그리스도의 사도인 바울	·튀빙겐 대학에서 강의. ·헤겔의 변증법을 신약에 적용하여 베드로와 바울 간의 갈등이 결국 종합으로 발전한 것으로 정리. ·신약의 저작권을 대부분 부인.
프리드리히 슐라이엘막허 Friedrigh Schleiermacher	1768- 1834	·종교론 : 개화된 냉소자에 대한 설교 신앙론	·경건적 가정출신. ·할레 대학에서 배우고, 후에 그곳과 베를린에서 강의함. ·종교의 뿌리는 절대 의존감정에 있다고 함.
데이비드 프리드리히 스트라우스 David Friedrigh Strauss	1808- 1874	·예수의 생애 ·신구 신앙	·튀빙겐 대학 바우르 밑에서 수학. ·그의 급진적 사상이 강의 경력에 손해를 줌. ·결과적으로 기독교를 "인간성의 종교"로 전락시킴.
알브레히트 리츨 Albrecht Ritschl	1822- 1889	·칭의와 화해에 관한 기독교 교리. ·신학과 형이상학	·튀빙겐 대학 바우르 밑에서 수학. ·「본」과 「괴팅겐」에서 강의. ·형이상학을 거부. ·기독교의 윤리적 사회적 차원을 강조. ·"도덕성에 가치를 두는 신학"의 개척자.
줄리우스 벨하우젠 Julius Wellhausen	1844- 1918	·이스라엘 역사	·괴팅겐 대학에서 강의. ·문서설의 창시자 [JEDP].
아돌프 폰 하르낙 Adolf Von Harnack	1851- 1930	·기독교의 본질 ·교리사 ·3세기까지의 기독교의 선교 확장사	·고대교회 사가. ·사회복음을 제창 [하나님의 부성 및 인간의 형제성 강조]. ·베를린 대학에서 강의

독일 자유주의 신학자(계속)

이 름	시 기	대 표 저 서	주 요 사 항
알베르트 슈바이처 Albert Schweitzer	1875- 1965	・역사적 예수의 탐구	・신학, 의학, 음악 박사. ・아프리카 선교사 ・노벨평화상 수상 [1952]. ・예수는 빗나간 종말론의 신봉자였다고 생각함.
칼 바르트 Karl Barth	1896- 1968	・교회교의학 ・로마서 주석	・스위스 신학자로서 신정통주의의 아버지. ・전통적 자유주의를 깸. ・바르멘 선언의 기초자. ・히틀러 반대자로 지목되어 추방당함. ・그의 가르침은 하나님의 절대적인 초월성, 성경은 그것이 읽혀질 때 하나님의 말씀이 된다는 실존론적 입장. 그리스도 안에서의 모든 사람의 선택을 주장.
루돌프 불트만 Rudolf Bultmann	1884- 1976	・케리그마와 신화 ・신약신학 ・예수와 그 말씀 ・공관복음서의 형태	・실존주의적 신약신학자. ・신약에서 "비신화화"로 유명해짐. ・마르부르그 대학에서 강의. ・양식비평의 선구자.
폴 틸리히 Paul Tillich	1886- 1965	・신앙의 역동성 ・조직신학 ・존재에의 용기	・실존주의적 신학자. ・히틀러 치하 때 독일에서 추방. ・뉴욕의 유니온 신학교 콜럼비아, 하바드, 시카고 대학에서 강의. ・하나님을 존재의 근거로, 신앙을 궁극적 관심으로 봄.
디트리히 본훼퍼 Dietrigh Bonhoeffer	1906- 1945	・제자가 치르어야 할 댓가. ・옥중서간	・하르낙과 바르트 밑에서 수학. ・바르멘 선언의 초안 작성에 기여. ・고백교회의 지도자. ・신비주의적 경향. ・나찌 수용소에서 처형됨.

51. 현대 가톨릭 종교회의

	트렌트 공의회	제1차 바티칸 공의회	제2차 바티칸 공의회
시 기	1545-1563	1869-1870	1962-1965
소집권자	바울 3세	파이우스 9세	요한 23세
교황의 교서	예루살렘아 기뻐하라	영원한 성부	인류의 구원
회의 수 및 기간	3회기 : 1545-47, 51-52, 62-63	1회기 1869. 12. 8 - 1870. 7. 18	4회기 62. 10. 11-12. 8 ; 63. 9. 29-12. 4. 64. 9. 14-11. 21. 65. 9. 14-12. 8
주요인사	바오로 3세 율리우스 3세 파이우스 4세 제임스 래이네즈 지오반니 모로네	파이우스 9세 헨리 매닝 칼 J. 헤펠리 펠릭스 듀판룹	요한 23세 바오로 6세 칼 라너 한스 킹
주 제	교회의 개혁 프로테스탄트 종교개혁에 대한 반동	교황의 무오설	교회의 현대화(Aggiornamento)
결정사항	·전례는 성경과 동등한 권위를 갖는다. ·외경도 정경으로 인정한다. ·라틴 벌게이트가 교회의 공식적 성경이다. ·원죄와 이신득의 프로테스탄트교리는 거부한다. ·은혜를 주는 성례의 수는 7개이며, 성사를 통해서만 은총은 주어진다. ·화체설을 인정한다. ·성직자의 도덕적 표준이 재확인되다. ·색인은 프로테스탄트 저서명을 삽입함으로써 길어졌다.	신앙과 도덕에 관하여 「권위」로 반포할시, 교황은 무오하다.	·프로테스탄트들을 "분리된 형제들"로 인정한다. ·다른 신앙과의 대화를 격려한다. ·성경의 번역과 강독을 권장한다. ·미사는 평신도의 참여와 함께 자국어로 집전된다. ·모든 종교적 자유를 고양한다. ·1054년의 대분열시 이루어진 파문은 취소한다. ·금서목록은 제거한다 ·교황 무오설과 전례, 그리고 구원의 유일한 방주로서의 공교회개념을 재확인한다. ·마리아찬양을 권장한다. ·평신도는 영적 제사장으로 인정한다. ·교황과 주교단의 합의행정을 공인한다.

52. 세계 교회 협의회(WCC)의 발전

국제선교위원회 (International Missionary Council)	신앙과 직제(Faith and Order)	생활과 사역(Life and Work)
· 1910-세계선교협의회, 스코틀랜드 에딘버러 "동시대의 세계복음화" · 1921-국제선교협의회 미국 뉴욕주 레이크 모홍크 1928-국제선교협의회 팔레스틴, 예루살렘	1927-신앙과 직제 스위스 로잔 1937-신앙과 직제 스코틀랜드 에딘버러	1925-생활과 사역 스웨덴 스톡홀름 1937-생활과 사역, 영국 옥스포드
1947-국제선교협의회, 카나다, 휘트비	1938-연합모임 화란 유트레히트	
	1948-세계 교회 협의회(W.C.C), 화란 암스텔담 "인간의 무질서와 하나님의 계획"	
1952-국제선교협의회 화란 윌링엔: "교회의 선교적 의무"	1952-신앙과 직제위원회 스웨덴 룬트	
	1954-세계교회협의회, 미국 일리노이주 에반스톤 "그리스도, 세계의 희망"	
1958-국제선교협의회, 가나		
1961-국제선교협의회가 세계교회협의회에 가입, 뉴델리, 인도: "예수 그리스도, 세상의 빛"		
1963-세계선교와 복음화위원회. 멕시코, 멕시코시티: "6대륙의 증인"	1963-신앙과 적제위원회 캐나다 몬트리올	1966-교회와 사회 분과 스위스 제네바 "기술적 사회적 혁명시기의 기독교인"
1968-세계교회협의회, 스웨덴 웁살라: "보라, 내가 모든 것을 새롭게 만들겠다"		
1972-세계선교와 복음화위원회, 태국 방콕: "오늘의 구원"		
1975-세계교회협의회, 케냐. 나이로비		
1983-세계교회협의회, 캐나다 뱅쿠버: "예수 그리스도, 세상의 생명"		

53. 13개 식민지의 종교상황

식민지주	허가년도	허가 수취인	정착년도	정착민	이주동기	종교적 성향	설립교회
버지니아	1606	버지니아 회사	1607	영국	경제 목적	영국국교	잉글랜드 교회
	1624	왕의 식민지					
메사추세스	1619	순례자	1620	순례자	종교적 자유	분리주의자	회중교회
	1629	메사추세스만 회사		청교도	신정 정치를 구현하고자	회중교회주의자	
	1684	왕의 식민지					
뉴 햄프셔	1679	왕의 식민지	1623	청교도	메사추세스만으로부터 확장	회중교회주의자	회중교회
뉴욕	1664	왕의 식민지	1624	화란계열	경제 목적	화란개혁주의	잉글랜드의 교회[1692]
매릴랜드	1632	로드 볼티모어	1634	영국	로마가톨릭을 위한 난민	로마가토릭 등	잉글랜드의 교회[1691]
	1691	왕의 식민지					
코네티컷	1662	존 윈드롭 2세 [왕의 식민지]	1634	청교도	메사추세스만으로부터 확장	회중교회주의자	회중교회
로드 아일랜드	1644	로저 윌리암스	1636	영국	메사추세스만으로부터 도망온 급진주의자들	회중교회주의자	없음
	1663	갱신					
뉴 저지	1664	존 버글데이 조지 카터렛	1638	스웨덴	경제 목적	루터파	없음
				화란	뉴욕으로부터의 확장	화란 개혁주의	
	1702	왕의 식민지		영국	종교적 자유	퀘이커파	
델라웨어	1683	요크공작	1638	스웨덴	경제 목적	루터파	없음
	1693	파의 일부		화란		화란 개혁주의	
	1704	분리된 정부		영국		영국국교	
북 캐롤라이나	1712	남캐롤라이나로부터 분리된 정부	1653	영국	경제 목적	영국국교	잉글랜드의 교회
	1729	왕의 식민지					
남 캐롤라이나	1663	캐롤라이나 회사	1670	영국	경제 목적	영국국교	잉글랜드의 교회[1704]
				프랑스	종교적 자유	위그노	
펜실바니아	1681	윌리암 펜	1681	영국	종교적 자유	퀘이커	없음
				독일	30년 전쟁으로부터 피난	루터파	
					종교적 자유	메노나이트 형제단 아밋슈 쉬벵크펠더 모라비안	
조지아	1732	제임스 오글데도르프	1733	영국	채무관계로부터 구원받고자	영국국교	잉글랜드교회 [1758]
	1752	왕의 식민지		독일	종교적 자유	모라비안	

54. 미국내 종교유토피아 공동체

공 동 체	지 도 자	지 역	특 이 사 항
은둔자 단체 〔에브라타 수도원〕	콘라드 베이셀 (Conrad Beissel) 〔1690-1768〕 존 피터 밀러(John Peter Miller)〔1710-1796〕	· 펜실바니아주 에브라타	· 엄격한 금욕주의 · 제 7 안식일 · 평화주의 · 공동체주의 · 신자에게만 세례수여
그리스도의 두번째 현현을 믿는 신자들의 연합회 (쉐이커파)	앤 리 스탠리 Ann Lee Stanley 〔1736-1784〕 조셉 미챔 〔Joseph Meacham〕	· 뉴욕주 뉴 레바논 · 오하이오주 유니온 빌리지 · 뉴 잉글랜드와 중서부의 17개 지역	· 앤 리는 그리스도가 재림해서 그녀 자신의 모습으로 임했다는 신념을 갖음. · 모든 악은 성적 관계에 뿌리를 두고 있음을 주장 · 평화주의 · 보편주의 · 죽은 자와의 교통 · 방언 · 집단 가무〔공통된 이름의 원천으로서〕 고해성사 · 하나님은 남성이자 여성이심 · 1787년부터 천년왕국 시작
공공적 보편적 우정단체	제미마 윌킨슨 (Jemima Wikinson) 〔1752-1819〕	· 뉴욕주, 레이크 세네카 · 뉴욕주, 크루크드 레이크	· 제미아 윌킨슨은 생명의 영이 그녀의 몸에 거하는 채로 죽은 후에 자신이 곧, 공동의 보편적 친구이자 진리의 공포자가 된다고 가르쳤다. · 윌킨슨은 자기 추종자들에 의해서 예수가 재림할 때 자신이 바로 그리스도가 될 것을 믿었음. · 독신주의
조화단체 〔래피트스〕	조지 랩 (Jeorge Rapp) 〔1757-1847〕	· 펜실바니아주, 하모니 · 인디아주, 뉴 하모니 · 펜실바니아주, 이코노미	· 보편주의 · 독신주의 · 고해성사 · 공동체주의 · 유니폼 착용 · 성례거부 · 교육 거부
진실된 영감공동체 〔아마나 교회단〕	미카엘 크라우세르트 (Michael Krausert) 크리스찬 메즈 (Christian Metz) 바바라 하이네만 (Barbara Heinemann)	· 뉴욕주, 에베네저 · 아이오와주, 아마나	· 독일 경건주의에 영향 받음. · 공동체주의 · 평화주의 · 지도자들은 하나님의 영감을 받음. · 현재는 법인단체임
오네이다 공동체	존 험프리 노이에스 (John Humprrey Noyes) 〔1811-1886〕	· 뉴욕주, 오네이다 · 코네티컷주, 월링포드	· 완전주의 · 공동체적 "복혼(複婚)"제도 · 우생학적 기초 위에서 상호결정에 의한 자손번식. 공동체주의 · 올가미와 은세공품을 만드는 공장운영

55. 미국 청교도

이 름	시 기	교육기관	대 표 저 서	주 요 사 항
존 코튼 John Cotton	1584- 1652	캠브리지	· 하늘왕국의 열쇠 · 뉴 잉글랜드 내 그리스도교회의 길	· 1612-1633 동안 영국국교 목회자였음. · 라우드 대주교에 의해서 영국에서 밀려남. · 보스톤 제일 회중교회에서 20년 동안 목회자로 사역. · 로저 윌리암스와 앤 헛친슨 추방을 옹호함.
토마스 후커 Thomas Hooker	1586- 1647	캠브리지		· 라우드 대주교의 박해에 못이겨 영국을 떠남. · 화란에서 3년을 지냄. · 1633년 커튼과 함께 메사추세스만으로 옴. · 회중교회를 떠나 코네티컷에로 가서 하트포드를 세움. · 코네니컷 식민주 헌법 초안작성에 참가.
리차드 마더 Richard Mather	1596- 1669	옥스포드	베이 찬송가	· 1633년 라우드 대주교에 의해 행정당국으로부터 의심을 받음. · 1636년부터 메사추세스 주 도체스터에서 목회자로 활동함. · 핼프-웨이 계약을 옹호함.
로저 윌리암스 Roger Williams	1603- 1683	캠브리지		· 영국국교에서 박해 받은 후 분리주의자로 전향. · 양심의 자유를 찾아 1631년 뉴 잉글랜드로 옴. · 갈등 때문에 보스톤에서 플리머스로, 그후에 살렘으로 옮김. · 1635년 메사추세스 만에서 추방당함. · 로드 아일랜드에서 하나님의 섭리를 발견. · 1639년 미국에서 최초로 침례교회를 시작함.

미국 청교도(계속)

이 름	시 기	교육기관	대 표 저 서	주 요 사 항
토마스 셰파드 Thomas Shepard	1605-1649	캠브리지	·진실된 회심	·라우드 대주교를 피하고자 1635년에 뉴잉글랜드로 이주. ·메사추세스주 캠브리지에 목사가 됨. ·미국 청교도가 비겁하고 독선적이라는 비난에 대해 변호함.
인크리즈 마더 Increase Mather	1639-1723	하바드	·인디안과의 전쟁 약사 ·예증적 섭리 기록을 위한 수필	·리차드 마더의 아들. ·왕정 복고시대까지 영국에서 목회활동을 함. ·1664년부터 보스톤 북부교회 담임교역자. ·햎프-웨이 계약을 옹호. ·1684-1701년까지 하바드 총장 역임.
솔로몬 스토다드 Solomon Stoddard	1643-1729	하바드	·그리스도에 이르는 안내서 ·회심에 관한 문서	·하바드 대학의 초대 도서관장 역임. ·1670년부터 메사추세스주 노탬프톤에서 목사로 봉사. ·주의 만찬의 갱생능력을 믿음. ·햎프-웨이 계약을 옹호 ·요나단 에드워드의 할아버지.
코튼 마더 Cotton Mather	1663-1728	하바드	·아메리카 기독교 선언 ·마술과 최면에 관한 섭리론	·인크리즈 마더의 아들. ·15세 때 하바드를 졸업. ·보스톤의 북부교회에서 아버지를 도와줌. ·청교도 신정정치의 몰락을 반대. ·1692년 「살렘 마녀의 재판」을 옹호함. ·1713년 왕궁협회에 가입.

56. 제1차 대각성운동의 지도자

이 름	시 기	주	소속교파	주 요 사 항
윌리암 테네트 William Tennent	1673- 1746	펜실바니아	장 로 교	· 아일랜드 출신. · 1717년 필라델피아로 이주. · 1735년 목사양성을 위해 "통나무 대학"을 설립 나중에 제1차 대각성운동의 지도자들이 많이 배출됨.
데오도르 제이 프렐링호이젠 Theodore J. Frelinghuysen	1691- 1748	뉴 저지	화란 개혁주의	· 동(東) 프리슬란드 출신. · 1720년 라리탄 강으로 이주. · 일부 교회 지도자들과의 연합을 거부함으로써 교구론자들로부터 소외됨. · 미국내 화란 개혁주의 교회 형성에 큰 역할을 함.
요나단 에드워드 Jonathan Edwards	1703- 1758	메사추세스	회 중 교 회	· 솔로몬 스토다드의 손자. · 예일대학을 입학할 때에(13세) 이미 히브리, 헬라어, 라틴어를 습득하고 있었음. · 메사추세스 노덤프톤의 목사로 부임. · 인디안 선교사로 복무. · 프린스턴 대학 총장(1758). · 아마도 미국이 낳은 최대의 신학자. · 「종교적 열정」,「의지의 자유」,「하나님의 놀라운 일의 서술」 등을 저작. · 천연두 예방접종으로 사망.
길버트 테네트 Gilbert Tennent	1703- 1764	뉴 저지 펜실바니아	장 로 교	· 윌리암 테네트의 장남. · 통나무 대학에서 수업. · 프렐링호이젠과 함께 사역. · 훳필드와 함께 선교여행. · "회심되지 못한 사역의 위험성"을 설교함. · 뉴저지 대학(프린스턴)의 창립을 도와줌.
슈발 스턴즈 Shubal Stearns	1706- 1771	남부 주	침 례 교	· 보스톤에서 탄생. · 훳필드의 설교로 말미암아 개종. · 1758년 북 캐롤라이나 샌디크릭에서 침례교인협회를 형성.

제1차 대각성운동의 지도자(계속)

이 름	시 기	주	소속교파	주 요 사 항
다니엘 마샬 Daniel Marshall	1706- 1784	남부 주	침 례 교	· 코네티컷의 원저출신. · 인디안 선교를 위해서 2년간 사역. · 「스턴즈」와 처남지간으로서 협력사역함. · 「조지아 침례교회」 결성을 도와줌.
엘리저 휠록 Eleazer Wheelock	1711- 1779	코네티컷	회중교회	· 예일대 출신. · 요나단 에드워드와 협력사역. · 다트마우스 대학 설립자겸 초대총장이며 인디안을 선교사로 양성함.
헨리 멜키어 뮬렌베르그 Henry Malchior Muhlenberg	1711- 1787	펜실바니아	루 터 교	· 미국 루터교의 아버지로 불리움. · 독일 하노버 출생. · 괴팅겐대학 졸업. · 할레대학에서 경건주의의 영향 받음. · 1742년 펜실바니아로 이주. · 최초로 미국에서 루터교총회를 결성.
사무엘 블래어 Samuel Blair	1712- 1751	뉴저지 펜실바니아	장 로 교	· 통나무대학에서 윌리암 테네트 밑에서 수학. · 펜실바니아와 뉴저지의 목사로 봉사. · 길버트 테네트와 협력사역. · 펜실바니아, 포그 매이노에서 학교시작.
조지 휫필드 George Whitefield	1714- 1770		영국국교	· 옥스포드 대학 「거룩한 클럽」의 회원. · 웨슬레 형제와 어려서부터 친구. · 당대에 가장 유명한 복음전파자. · 미국 식민지 전지역을 7번 선교여행함. · 제1차 대각성운동의 촉매자. · 에드워드 프렐링호이젠, 테네트일가와 친숙.
사무엘 데이비스 Samuel Davies	1723- 1761	버지니아	장 로 교	· 사무엘 블레어 밑에서 수학. · 1747년 버지니아 허노버에서 장로교형성을 도와줌. · 뉴저지 대학〔프린스톤〕의 총장으로 봉사.

57. 미국독립을 지지하는 교파들의 이유

독립을 지지하는 이유	종파들				
	회중교회	장로교회	영국국교평신도들(남부식민주)	루터교회	급진주의적 교회들
· 사회에 대한 계약법적 입장에서—즉, 하나님과의 계약을 어기는 정부에게는 순종할 수 없다(저항권)는 이유로.	√	√			
· 종교적 자유는 오직 정치적 자유가 확보되는 곳에서만 가능하다는 이유로.	√	√	√	√	√
· 자연법과 인간의 권리를 강조하는 합리적인 사유 때문에.			√		
· 영국국교 확립에 대한 두려움, 또 다시 박해가 일어날까봐.	√	√			√
· 영국국교 확립에 대한 두려움, 자신들의 교회가 잘 정착하게 위해서.	√	√		√	
· 영국국교 확립에 대한 두려움, 정치문제에 대하여 종교의 간섭을 줄이고 싶어서.			√		
· 영국국교 확립에 대한 두려움, 일반원칙 제정을 거부함.					√

58. 미국독립을 반대하는 교파들의 이유

독립을 반대하는 이유	종파들			
	영국국교사제단	영국국교평신도들 〔뉴잉글랜드와 중부식민주〕	급진주의적교회들	감리교회
· 하나님에 의해서 임명된 통치자에게 순종해야 된다는 성경적 이유로.	√	√		√
· 성경에 따라서 왕에게 대한 충성은 거룩하다는 점에서.	√			
· 무질서를 제거하는 영국법을 하나님께서 좋아하신다는 점에서.	√	√		
· 영국의 통치가 영국국교(성공회) 확립에 도움이 되기 때문에.	√	√		
· 존 웨슬레의 "아메리카에 보내는 조용한 편지"의 영향 때문에.				√
· 일반원칙으로서 평화주의를 선호하기에.			√	

59. 제2차 대각성운동의 지도자

이 름	시 기	출 생 지	소속교파	설립학교/강의학교	주 요 사 항
프란시스 에즈베리 Francis Asbury	1745-1816	영국 버밍햄	감리교		· 1784년 요한 웨슬레에 의해서 북미감독으로 임명됨. · 미국 혁명에 대하여 웨슬레와 의견대립. · 순회 선교의 창시자. · 말타고 30만 마일을 선교여행함. · 미국내 감리교회는 그의 지도하에 20만으로 성장.
티모디 드와이트 Timothy Dwight	1752-1817	메사추세스주 노댐프톤	회중교회	예일대학 〔총장1795-1817〕	· 요나단 에드워드의 손자. · 예일대학에서 시작한 부흥운동이 이내 타 대학에로 전파됨. · 찬송가 작시자.
제임스 맥그레디 James McGready	1758-1817	펜실바니아주 서부	장로교		· 켄터키, 북캐롤라이나에서 목사 시무. · 1800년 7월 천막집회 시작. · 캠버랜드 장로교회 건립을 도움.
토마스 캠벨 Thomas Cambell	1763-1854	스코틀랜드	장로교		· 1807년 미국 이주. · 장로교회에서 사임함. · 독자적 사역시작, 나중에 아들에 의해서 계승되었는데, 그것이 그리스도의 제자단임.
바튼 스톤 Barton W. Stone	1772-1844	매릴랜드주 포트 토바코	장로교		· 맥 그레디의 설교로 회심함. · 1801년 캔터키주 캐인릿지에 천막집회소 건립. · 「기독교회」를 설립, 그러나 나중에 그 교회는 캠벨파와 혼합되어짐.
리만 비쳐 Lyman Beecher	1775-1863	코네티컷주 뉴 헤이븐	장로교	래인 신학교 〔총장 1832-1852〕	· 예일대학 드와이트 밑에서 수업. · 성공적인 목회자와 복음전파자. · 저명한 사회개혁자-노예반대, 알콜 중독 반대, 결투 반대. · 「아메리카 성경회」의 설립에 기여함. · 헨리 와드 비처와 헤리엣 비처 스토웨의 아버지.

제2차 대각성운동의 지도자〔계속〕

이 름	시 기	출 생 지	소속교파	설립학교/ 강의학교	주 요 사 항
아사헬 네트레튼 Asahel Nettleton	1783-1844	코네티컷주 노스킬링워드	회중교회	· 코네티컷 신학교 〔1733년 설립 때 도와 주고, 때때로 강의를 함〕	· 외국선교사로 소명을 받았으나, 국내에서의 부흥운동으로 인한 성공과 약한 체질때문에 나가지 못했다. · 미개척된 코네티컷주에서 복음 전파에 종사. · 병환으로 1820년 은퇴. · 뉴 헤이븐 신학과 피니의 새 방법을 반대함.
베네트 타일러 Bennet Tyler	1783-1858	코네티컷주	회중교회	· 다트마우스대학 〔총장 1822-1828〕 · 코네티컷 신학교 〔총장 1833-1858〕	· 예일대학에서 드와이트의 제자. · 매인의 포틀랜드에서 목회활동. · 뉴 헤이븐 신학의 혁신적인 방법들을 반대함. · 네틀톤에 대한 전기를 기술.
나타니엘 윌리암 테일러 Nathaniel William Taylor	1786-1858	코네티컷주 뉴 밀포드	회중교회	· 예일대학 신학부 〔강의 1822-1858〕	· 예일대학에서 드와이트 밑에서 배움. · 코네티컷 주 뉴 헤이븐에서 「제일교회」의 목회자로 봉사. · 뉴 헤이븐 신학을 발전시킴.
알렉산더 캠벨 Alexander Campbell	1788-1866	북아일랜드	장로교	· 베다니 대학 〔설립자 겸 학장 1840-1866〕	· 토마스 캠벨의 아들. · 글래스고우에서 공부함. · 기간별로「기독교세례」를 저술함. · 그리스도 제자단의 설립자. · 1832년「바튼 스톤」의 추종자들과 연합.
찰스 피니 Charles G. Finney	1792-1875	코네티컷주 와렌	장로교	· 오벌린 대학 〔강의 1835-1866 ; 1851년부터 학장〕	· 법률공부. · 1821년에 회심, 그후 단기과정으로 목사가 됨. · 복음주의에 있어서의 새 방법의 창시자. · 완전 성화를 가르침. · 비처와 네틀톤에 의해서 반대 받음. · 적극적인 노예폐지론자.

60. 19세기 복음적 사회개혁운동

개혁운동	지도자	조직	결과
노예폐지	사무엘 홉킨스〔1721-1803〕 리만 비쳐 〔1775-1863〕 찰스 G. 피니 〔1792-1875〕 존 브라운 〔1800-1859〕 데오드르 벨트〔1803-1895〕 조나단 블랜차드〔1811-1892〕 해리엣 비처 스토우에 〔1811-1896〕	1807-인간적인 친구들 협회 1817-식민지 단체 1818-노예폐지와 아프리카 흑인의 생활향상을 위한 아메리카 대표회의 1833-아메리카 반 노예단체 1840-자유당 1848-자유토지당	1861-1865-남북전쟁 1863-노예해방 선포 1865-13차 헌법수정 1866-14차 헌법 수정
금주법	리만 비쳐 〔1775-1863〕 프랑시즈 윌라드〔1839-1898〕 빌리 선데이 〔1862-1935〕	1813-무절제를 제거하기 위한 메사추세스 단체 1826-절제증진을 위한 아메리카 단체 1836-아메리카 절제 연맹 1840-워싱톤시민모임 1869-여성 기독교인의 절제 연맹 1893-술집폐쇄 동맹	1846-매인(Maine)주에서는 금주법을 통과시킴 1847-1855-13개의 다른 주도 참여 1919-1932-금주법수정 조항을 실행함
여권신장	엠마 윌라드 〔1787-1870〕 매튜 바싸 〔1792-1868〕 안젤리나 그림케 〔1792-1873〕 매리 리온 〔1797-1849〕	1848-여권 옹호 모임 1869-전국적 여성 참정권 협회 1869-아메리카 여성 참정권 협회 1892-연방 여성 참정권 협회	1821-뉴욕 트로이에 "여성대학" 건립 1836-홀리오크산(山) 대학 건립 1861-바싸대학 건립 1917-뉴욕주에서 여성에게도 참정권 부여 1918-다른 14개도 부여 1920-여성 참정권을 위한 헌법 수정

61. 노예제 폐지로 인한 교단 분열형태

교 파	분 리	북 부 단 체	남 부 단 체	재결합
장로교	1861	「미합중국 장로교」 (Presbyterian Church in the United States of America)	「연방주 장로교」 (Presbyterian Church in the Confederate States) 〔후에 연합주 장로교로 개칭〕 (Presbyterian Church in the United States)	1983
감리교	1844	「감리감독교회」 (Methodist Episcopal Church)	「남부감리감독교회」 (Methodist Episcopal Church, South)	1939
침례교	1845	「아메리카 침례 선교연맹」 (American Baptist Missionary union) 〔현재 아메리카 침례회〕 (American Baptist Convention)	「남침례회」 (Southern Baptist Convention)	
감독교	1861	「개신교 감독교회」 (Protestant Episcopal Church)	「미 연방주 개신교 감독교회」 (Protestant Episcopal Church in the Confederate States of America)	1865

62. 19세기 미국 이단들

	몰몬교	재림예수교		크리스찬 사이언스	여호와의 증인
공식명	· 말일성도 예수 그리스도의 교회	· 제 7 안식일교		· 그리스도의 교회, 과학자	· 파수대 성경과 소책자 협회
설립자	· 조셉 스미스 2세 (Joseph Smith, Jr.) 〔1805-1844〕	윌리암 밀러 (William Miller) 〔1782-1849〕 (운동)	밀러의 초기 추종자들 (교회)	· 에리 베이커 글로버 페터슨 에디 (Mary Baker Glover Patterson Eddy) 〔1821-1910〕	· 찰스 테즈 러셀 (Charles Taze Russell) 〔1852-1916〕
설립년도	1830	1844	1860	1879	1884
장소	펜실바니아 하모니	뉴욕북부	미시간주 배틀 그릭	· 메사추세츠주 보스톤	· 펜실바니아 피츠버그
기 타 주요인물	브리그햄 영 〔1801-1877〕	히람 에드슨 조셉 베이츠 엘렌 G. 화이트 〔1827-1915〕			· 조셉 F. 루터포드 〔1869-1942〕 · 나단 H. 노르 〔1905-1977〕
권위의 원천으로서의 교회외적 요소	· 몰몬경 · 교리와 언약 · 값진 진주 · 교회의 수장을 통한 계속적인 신의 계시	· 엘렌 G. 화이트 저작집 · 교회내에 계속되는 예언의 선물		· 성경과 관련된 열쇠로서 과학과 건강	· 새세계 번역성경 뉴욕 본부 브루클린 저술
신 론	· 다신교—하나님이 한때 인간이 되었고, 인간이 하나님이 될 수 있다. · 하나님은 육체를 가졌다.	· 정통적		· 범신론—모든 것이 신이다. 물질은 존재하지 않는다.	· 유일신론—삼위일체 교리를 부정함
그리스도의 인격성	· 그리스도는 신적 존재이시다. 그렇지만 독특한 존재는 아니다.	· 정통적		· 인간으로서의 예수와 신적 개념으로서의 그리스도를 구분 Cf. 영지주의	· 아리안주의적—그리스도는 한 속성만 있다. 그렇다고 신적인 것은 아니라, 오히려 최초로 피조된 미가엘 천사나 대천사와 동일시 된다.
그리스도의 사 역	· 그리스도의 죽음으로 말미암아 아담의 원죄의 효과가 지워졌다. 그리고 모든 인간의 부활의 증거가 되었다.	· 속죄관이 대속적이지만 그러나 이것이 전부는 아니다. 지금도 죄가 씻겨지지 않은자를 조사하여 심판이 이루어진다.		· 그리스도는 과학적 치유의사의 대표적 예이다.	· 속죄는 선하고 신실한 자들의 원죄를 제거하며 그들에게 영원한 삶의 기회를 제공해 준다.

19세기 미국 이단들(계속)

	몰 몬 교	재림예수교	크리스챤 사이언스	여호와의 증인
성령론	· 비인격적인 힘	· 정통적	· 하나님과 구분되지 않음	· 비인격적인 힘
인간론	· 인간은 이미 선재했고 내적인 신성을 갖고 있다.	· 정통적〔이원주의적〕	· 사람은 하나님과 함께 영원하다. · 육체는 존재하지 않는다. 죄는 가상적인 허상이다.	· 죄는 일반적인 것이 아니라, 오직 불완전할 뿐이다.
구원론	· 믿음, 회개, 세례, 안수, 명령의 순종을 통해서 온다.	· 믿음을 통해서 모세율법을 지킴으로써 온다〔특히 제7안식일 준행〕.	· 죄와 악은 존재하지 않는다는 것을 인식함으로써 온다.	· 믿음과 함께 하나님의 인정을 받는 행위를 통하여서 온다.
교회론	· 배타적-사도요한이 죽은 후부터 1830년까지만 교회 존속 ; 그 후에는 오직 자신들의 성례만 유효하다.	· 초기에는 배타적, 현재는 진실한 신자라면 누구라도 10계명을 그대로 지켜야 한다.	· 배타적	· 배타적-다른 모든 교회는 멸절될 것이다.
개인적 종말론	· 사후에 두번째 기회가 주어진다 ; 영원한 형벌은 없다 ; 궁극적으로 사람은 신성에로 가까워 간다.	· 영혼은 잠을 자고, 악한자는 멸절된다.	· 사후에 시험기간이 있고 성장하여 진리에로 올라가던가 혹은 멸절된다.	· 영혼은 잠을 자고, 악한자는 멸절된다.
일반종말론	· 이스라엘〔아메리카 인디안〕이 회복될 것이다. · 그리스도의 천년왕국이 예루살렘과 미주리주의 독립으로부터 시작 될 것이다. · 모든 사람이 영적 수준에 따라 세 왕국중 하나에로 할당되어질 것이다.	· 전천년설과 후기대환란설을 취함. · 의인은 새세계에서 영원히 살 것이다.		· 1914년에 그리스도가 재림했다. · 1975년 아마겟돈 전쟁이후 천년왕국이 시작되었다. · 144,000명만 하늘나라에서 영원한 삶을 살며, 나머지 사람들은 지상낙원에서 살게 될 것이다.
실천	· 술, 담배, 커피, 홍차의 금지. · 금식, 십일조, 안식일준수가 요망. · 결혼은 현시대와 영원한 세대에도 유지된다. · 죽은 친척에게도 세례를 행한다.	· 구약의 음식법을 고집. · 제7안식일준수, 신자의 완전침례, 발씻음을 실천.	· 성례가 없다. · 에디여사의 허락문서 없이는 교회 정치와 교리를 변경시킬수 없다. · 모든 교회는 보스톤에 있는 모(母)교회와 연결되어야 한다.	· 완전 평화주의를 가르친다. · 정부와 불화한다〔선거, 공직취임, 국기에 대한 경례, 서약, 징집거부 등〕. · 수혈 거부

63. 19세기말—20세기 부흥사

이　　름	시　기	출　생　지	교파적 성향	설립하거나 강의한 학교	주　요　사　항
드와이트 무디 Dwight L. Moody	1837–1899	메사추세스주 노드필드	독립교회	· 노드필드 학교 〔여자학교: 1879 설립〕 · 헐몬산학교 〔남자학교: 1881 설립〕 · 시카고 복음화 단체 〔현 무디성경학원: 1886 설립〕	· 7학년 때 학교 중퇴. · 18세 때 회심. · 당시 시카고주였던 보스톤에서 구두판매원이었음. · 시카고에서 주일학교를 조직. · 남북전쟁 기간중 군인들에게 설교시작. · 영국계 작은섬에서 1873–75간 금주도덕갱신운동 (Crusade)으로 명성얻음. · 목사직을 받은 적이 없음. · 1899년 그가 죽을 때까지 미국 전지역을 다니며 금주도덕갱신운동을 펼침.
사무엘 포터 존스 Samuel Porter Jones	1847–1906	알라바마주, 오크 바우어리	감리교		· 대학교육 받은 적이 없음. · 알콜중독 후에 회심. · 금주법 지지. · "남부의 무디"로 알려짐.
루벤 토레이 Reuben A. Torrey	1856–1928	뉴 저지주 호보킨	회중교회	· 무디성경학원 〔1889–1908총장〕 · L. A 성경학교 〔1912–24 학장〕	· 예일대학과 동대학 신학부를 졸업. · 무디 성경학원에서 강의 · 7차에 걸쳐 국제적인 설교여행을 떠남.
윌버 채프만 J. Wilbur Chapman	1859–1918	인디아나주, 리치몬드	장로교회		· 오버린 대학, 레이크 포리스트 대학, 레인 신학교 졸업. · 금주도덕갱신운동의 일원으로 무디를 도와줌. · 「위노나 레이크 성경회합」의 총무역임.
빌리 선데이 Billy Sunday	1862–1935	아이오와주 아메스	장로교회		· 1883–91까지 유명한 야구 선수 · 1886년 시카고에서 열린 퍼시픽 가든 선교대회에서 회심. · 금주도덕갱신운동의 일원으로서 J. 윌버 채프만을 지원함. · 1896년 독자적으로 금주도덕갱신운동을 시작함. · 매우 감각적이고 극적인 설교를 함. · 절제생활 강조. · 진화론에 반대.

64. 미국 세대주의 전파의 지도자

이 름	시기	교파적성향	대표저서	설립하거나 강의한 학교	주 요 사 항
존 넬슨 다비 John Nelson Darby	1800-1882	아일랜드 플리머스 형제단교회	· 그리스도 교회의 본질과 연합에 대하여		· 법학공부. · 1825년 목사안수. · 플리머스 형제단을 크게 알림. · 미국을 7번 방문.
제임스 H. 브룩스 James H. Brookes	1830-1897	장로교회	· 마라나타 · 이스라엘과 교회 · 성경은 영감되었는가?		· 「나이아가라 성경회합」을 조직. · 스코필드에게 영향 끼침. · 오하이오주 마이아미 대학, 프린스턴 신학교에서 수학. · 데이튼과 세인트 루이스에서 목사 봉직.
윌리암 E. 블랙스톤 William E. Blackstone	1841-1935	감리교회	· 예수는 오신다		· 「시카고 유대인선교회」 설립을 도와줌. · 시오니즘을 지지. · 이스라엘에서는 어떤 숲을 그의 이름을 따라서 명명함.
사이렌스 인거슨 스코필드 Cyrus Ingerson Scfield	1843-1921	회중교회	· 스코필드 주석 성경 · 진리의 말씀을 옳게 구분함에 있어서	· 필라델비아 성경학교 〔1914년 설립에 조력함〕	· 남부군으로 종사. · 법학공부. · 칸사스주하원으로 봉사. · 브룩스의 영향 받음. · 텍사스주 달라스와 메사추세스주 노드필드에서 목회활동. · 중앙아메리카 선교회를 설립. · 그의 주석성경을 통하여 세대주의를 확산시킴.
아노 게벨라인 Arno C. Gaebelein	1861-1945	감리교	· 주석성경 · 계시, 그 분석과 주해 · 성경의 빛에서 본 현재의 일		· 독일태생. · 「우리의 희망」잡지의 창설편집인. · 볼티모어, 뉴욕, 호보킨에서 목회활동. · 「이스라엘의 희망」 선교회를 관리.
루이스 스페리 체이퍼 Lewis Sperry Chafer	1871-1952	장로교	· 조직신학 · 왕국의 역사와 예언 · 주요 성경주제	· 필라델비아 성경학교 〔1914-23. 협력 설립 및 강의〕 · 달라스 신학교 〔1924-52 설립 및 강의〕	· 오버린 대학에서 음악전공. · 헐몬산학교(남자학교)에서 강의. · 달라스의 스코필드 기념교회의 목사로 활동. · 「비블리오데카 싸크라」의 편집인.

65. 계약(언약)사상과 세대주의와의 비교

논쟁점	계약(언약)사상	세대주의
역사의 형태	・아담과 연관된 행위언약, 선택된 자를 대표한 그리스도의 은혜언약 〔혹자는 그리스도의 구속언약과 선택자를 위한 은혜 언약으로 구분하기로 한다〕.	・세대별로 구분〔일반적으로 7세대〕 예를 들면 무죄세대〔타락이전〕, 양심〔아담〕, 시민정부〔노아〕, 약속〔아브라함〕, 율법〔모세〕, 은혜〔그리스도의 초림〕, 왕국〔그리스도의 재림〕 세대로.
역사관	・낙관적 : 하나님은 그의 왕국을 확장하고 계시다.	・비관적 : 말일에는 세상에 증가되는 사악한 것들과 교회의 변절로 특징지워진다.
역사에서의 하나님의 목적	・하나의 구속목적이 있다.	・두 개의 대조되는 목적이 있다. 하나는 땅(이스라엘)이고, 다른 하나는 하늘(교회)이다.
성경적 언약관	・은혜언약의 행사방식이 다를 뿐이다.	・사람에 대한 하나님의 특별한 요구는 각 세대마다 다르다.
구약과 신약과의 관계	・신약에서 특별히 폐기된 조항 외에는 구약 대부분이 인정된다.	・구약의 가르침은 신약에서 재인정해 주지 않는 한 폐기된다.
이스라엘과 교회와의 관계	・교회는 영적 이스라엘로서 구약의 진정한 이스라엘과 연결된다.	・교회는 하나님의 물리적 백성인 이스라엘과 구별되는 하나님의 영적 백성이다.
구약의 예언	・하나님의 백성개념은 교회와 연결된다.	・인종적 이스라엘에 연결된다.
교회시대	・하나님의 구속섭리가 전개되는 장이다.	・왕국의 과거와 미래 사이에 있는 삽입구일 뿐이다.
성령의 역할	・성령은 역사를 통하여 하나님의 백성 가운데 거하신다.	・성령은 오직 오순절 성령강림 때부터 휴거 때까지만 하나님의 백성 안에 거주한다.
세례	・언약관계 때문에 유아세례를 인정한다.	・이스라엘/교회 구분 때문에 가끔〔항상은 아니지만〕 성인신자만의 세례를 지지한다.
사회참여	・"문화 사명"을 강조함.	・세상을 구하는 유일의 길은 개인을 구원하는 데에 있다. 따라서 복음전파가 "사회참여"보다 앞선다.
종말론	・일반적으로 무천년설 : 후천년설은 드물고 간혹 전천년설이 있다.	・전천년설 특히 전기대환난설.
천년왕국	・상징적, 가끔 현시대와 동일시함.	・문자적, 예수재림 후 100년의 지상천년왕국이 있음.

66. 현대자유주의 대 근본주의와의 논쟁 때문에 생긴 교파분열

교 파	분 리	계 승 그 룹	계승그룹의 성격	핵 심 인 물	
				보 수 주 의	자 유 주 의
그리스도 제자단	1927	그리스도 제자단 북미 기독교성회	보 수 적	이삭 에레트 존 W. 맥가비	제임스 H. 게리슨 허버트 L. 윌레트
북 침례회	1932	정규침례교 총회	보 수 적	존 로취 스트라튼 제스퍼 C. 매씨 앰지 C. 딕슨	왈터 라우센부쉬 헤리 에머슨 포스딕
〔현 아메리카 침례회〕	1947	보수적 침례교 연합	보 수 적	윌리엄 벨 릴리 체스터 툴가 로버트 케춤	
미합중국내의 장로교〔북부〕	1936	정통장로교	보 수 적	J. 그레샴 메이천 폴 울리	J. 로스 스티븐슨 헨리 슬로안 코핀
연합주내의 장로교〔남부〕	1973	미국 장로교	보 수 적	G. 에이켄 테일러	
루터교 미주리총회	1976	복음주의적 루터교 연합	자 유 주 의	제이콥 A. O. 프뤼스 랄프 볼만	존 팃젠 알리스 엘렌

67. 20세기 장로교의 주요인물

이 름	시 기	설립·강의학교	대표저서	주 요 사 항
찰스 브릭스 (Charles A. Briggs)	1841–1913	· 유니온 신학교 〔1874–1913 강의〕	· 구약 히브리-영어 사전 · 시편에 관한 비평적 주석	· 버지니아 대학, 유니온 신학교, 베를린 대학에서 수학. · 1893년 성경의 영감설을 부인했다는 죄목으로 장로교회로부터 정직(停職)당함. · 1900년 감리교회로 이명. · 국제 비평주석의 최초 편집인
헨리 프리저브드 스미스 (Henry Preserved Smith)	1847–1927	· 래인 신학교 〔1874–1894 강의〕 · 암허스트〔1898–1907〕 · 미드빌 신학교 〔1907–13〕 · 유니온 신학교 〔1913–25〕	· 이스라엘 종교 · 성경해석에 관한 에세이	· 암허스트, 래인, 베를린에서 수학. · 1894년 브릭스를 옹호했다고 해서 이단으로 의심받음.
벤자민 워필드 (Benjamin B Warfield)	1851–1921	· 웨스턴 신학교 〔1878–87〕 · 프린스턴 신학교 〔1887–1921〕	· 구원계획 · 위조된 이적 · 계시와 영감 · 완전주의	· 프린스턴 대학과 신학교에서 수학. · 브릭스와 스미스의 대항자. · 핫지로부터 내려온 프린스턴 대학의 계속성을 유지. · 프린스턴 신학 잡지를 편집.
로버트 딕 윌슨 (Robert Dick Wilson)	1856–1930	· 웨스턴 신학교 〔1880–81, 1883–1900강의〕 · 프린스턴 신학교 〔1900–29 강의〕 · 웨스트민스터 신학교〔1928–30 협동설립 및 강의〕	· 초보자를 위한 히브리 문법 · 다니엘서 연구 · 구약에 대한 과학적 연구	· 유명한 철학자 겸 구약학자 · 고등비평을 반대하고 구약의 원저작설을 옹호함.
헨리 슬로운 코핀 (Henry Sloan Coffin)	1877–1954	· 유니온 신학교 〔1905–45 강의, 1926부터 총장〕	· 사회적 재건립 시대에. · 십자가의 의미	· 「어번(Auburn) 선언」을 작성 · 예일, 에딘버러, 유니온 신학교 수학. · 사회복음을 창시 · 에큐메니칼 운동에 참여

20세기 장로교의 주요인물(계속)

이 름	시 기	설립·강의학교	대 표 저 서	주 요 사 항
해리 에머슨 포스딕 (Harry Emerson Fosdick)	1878-1969	·유니온 신학교 〔1909-46 강의〕	·성경의 현대적 사용 ·성경이해 지침서	·자유주의적인 침례교 설교가로서 장로교회에서 논쟁을 함. ·뉴욕의 리버사이드 교회에서 목회. ·어번선언의 초안 작성을 도와줌.
그레샴 메이천 (J. Gresham Machen)	1881-1937	·프린스톤 신학교 〔1906-29 강의〕 ·웨스트 민스터 신학교 〔1929-37 설립 및 강의〕	·기독교와 자유주의 ·동정녀 탄생 ·바울종교의 기원	·존스 홉킨스, 프린스턴 대학과 신학교에서 수학. ·장로회 해외 선교부를 독립시켜 설립함. ·1935년 불순종했다는 이유로 목사직이 박탈됨. ·「정통 장로교회」의 지도적 설립자가 됨.
올리버 버스웰 (Oliver Buswell)	1895-1977	·휘튼 대학〔1926-39 총장〕 ·훼이스 신학교 〔1930-40 강의〕 ·셸튼 대학 〔1941-55 강의〕 ·카버넌트 신학교 〔1956-69 강의〕	·기독교의 조직 신학	·미네소타 대학 맥코믹 신학교, 뉴욕대학에서 수학. ·제1차세계대전 중 군목으로 근무. ·1936, 37, 56년 분열에 가담.
칼 메킨타이어 (Carl Mcintire)	1906	·훼이스 신학교 〔1937 설립〕 ·셸튼 대학 〔1941 설립〕		·1936년 37. 56년 분열에 가담. ·N.C.C반대를 위한 아메리카 기독교회 협의회(A.C.C.C) 설립 ·W.C.C반대를 위한 국제기독교회협의회(I.C.C) 설립. ·베트남 전쟁을 지지
알란 맥래이 (Allan Macrae)	1902	·웨스트민스터 신학교 〔1929-37 강의〕 ·훼이스 신학교 〔1937-71 총장〕 ·성경신학교 〔1971-1938 총장〕	·이사야의 복음	·옥시덴탈 대학. L.A의 성경학교〔비올라〕, 프린스턴 신학교, 베를린대학에서 수학. ·1936, 37년의 분열에 참여. ·「뉴 스코필드 주해 성경」의 편집인. ·NIV(새 국제번역) 성경 번역팀의 일원으로 활동.

68. 미국 장로교 계보

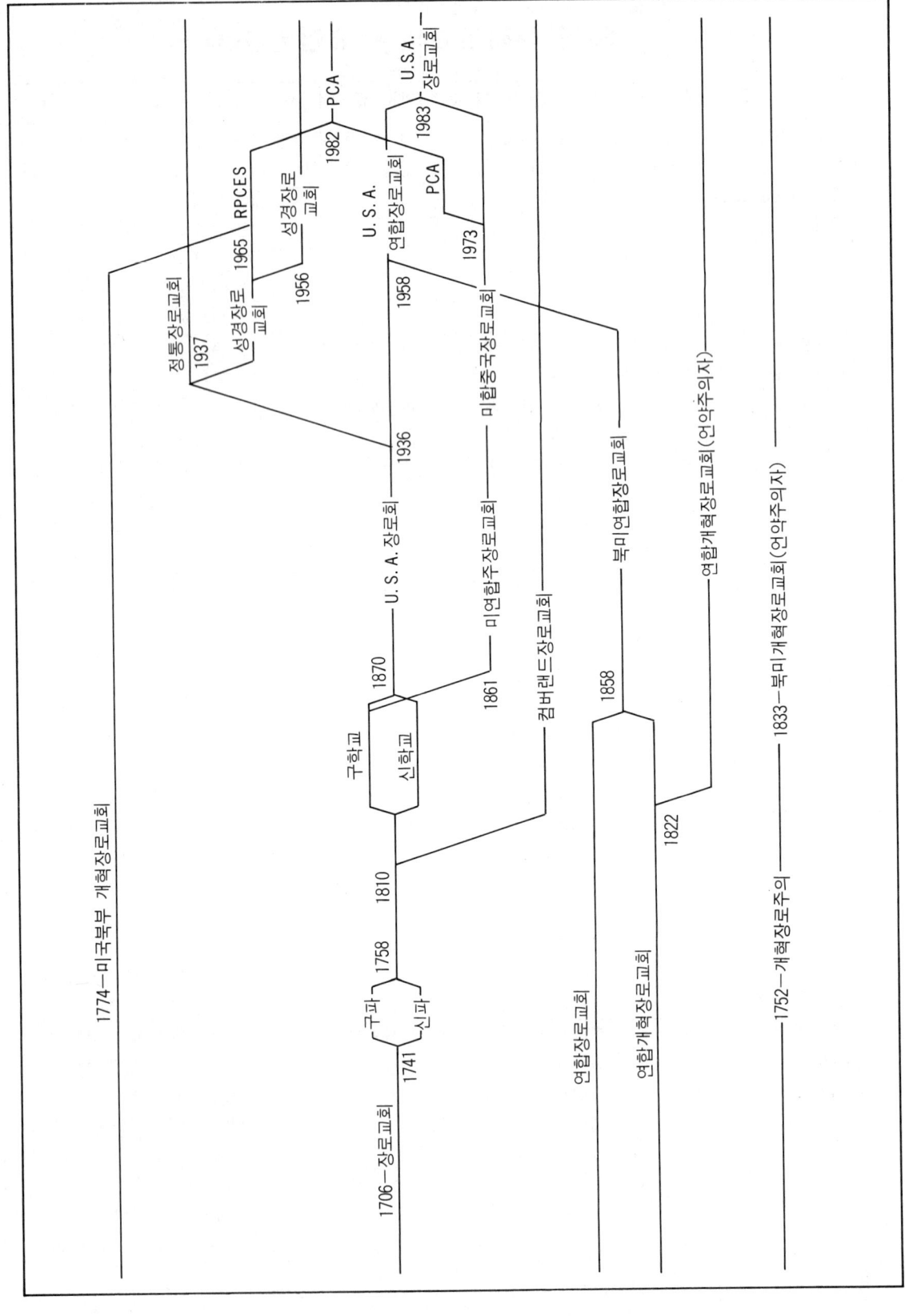

69. 미국 침례교 계보

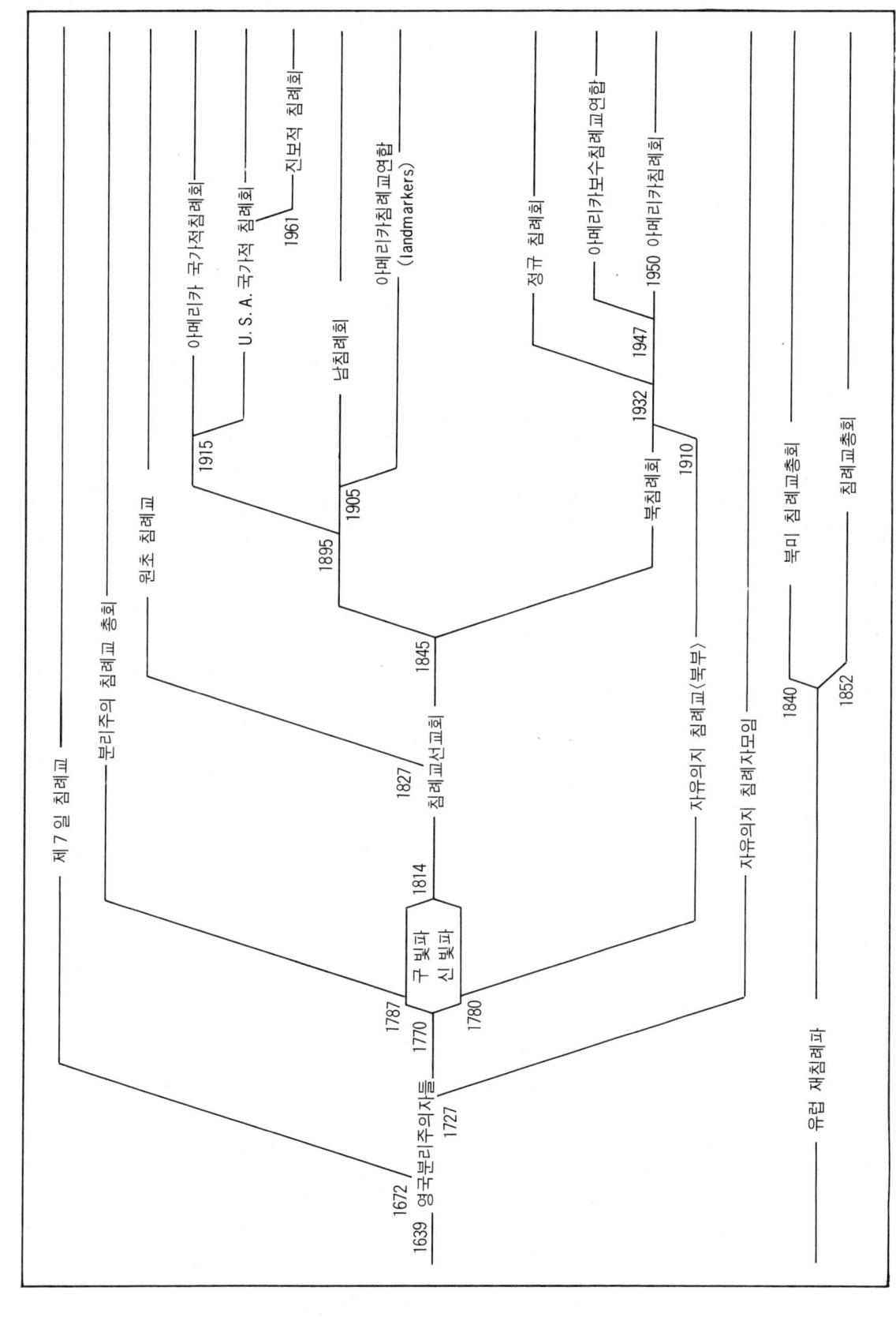

70. 미국 루터교 계보

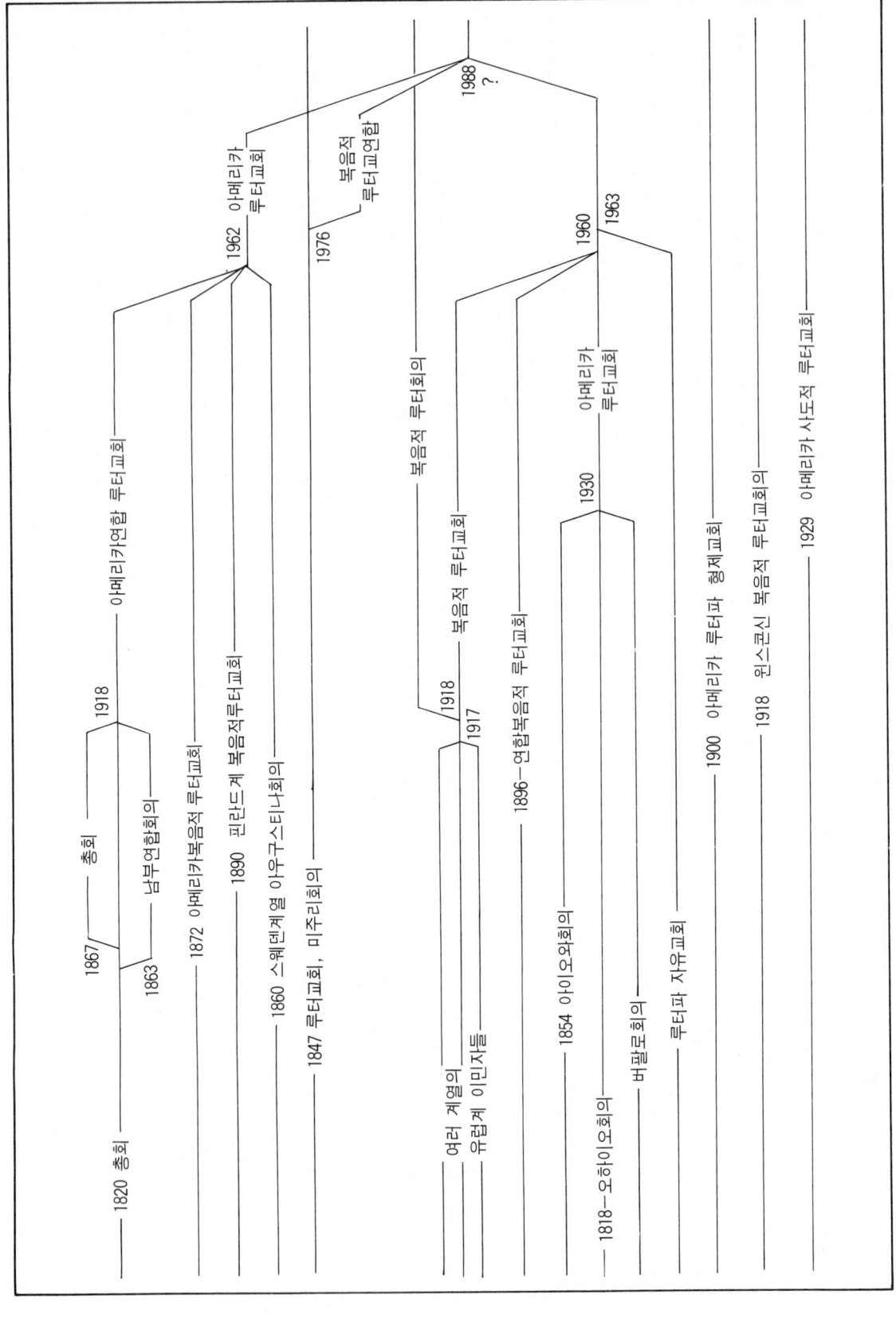

71. 미국 감리교 계보

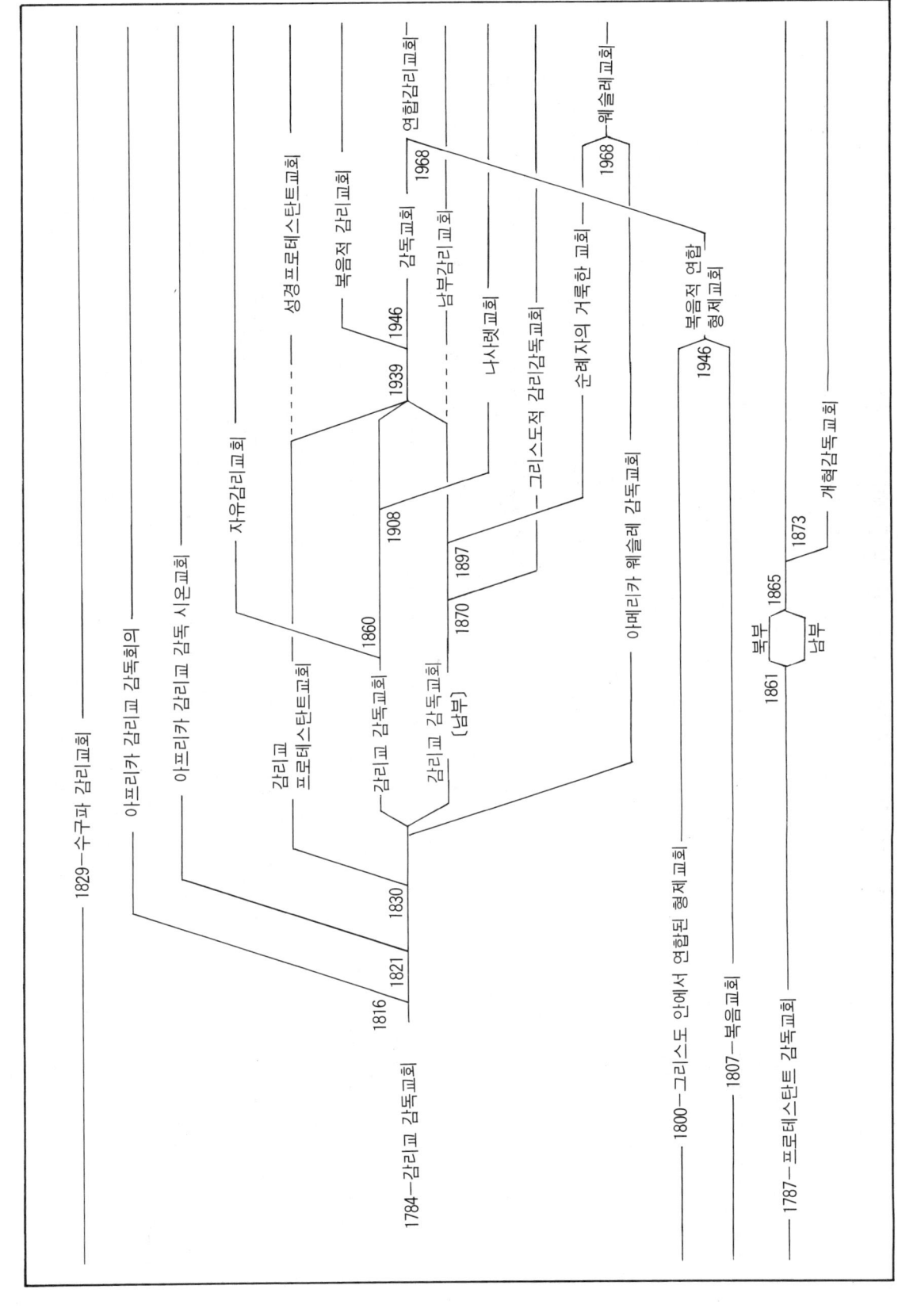

72. 미국 개혁주의와 회중교회의 계보

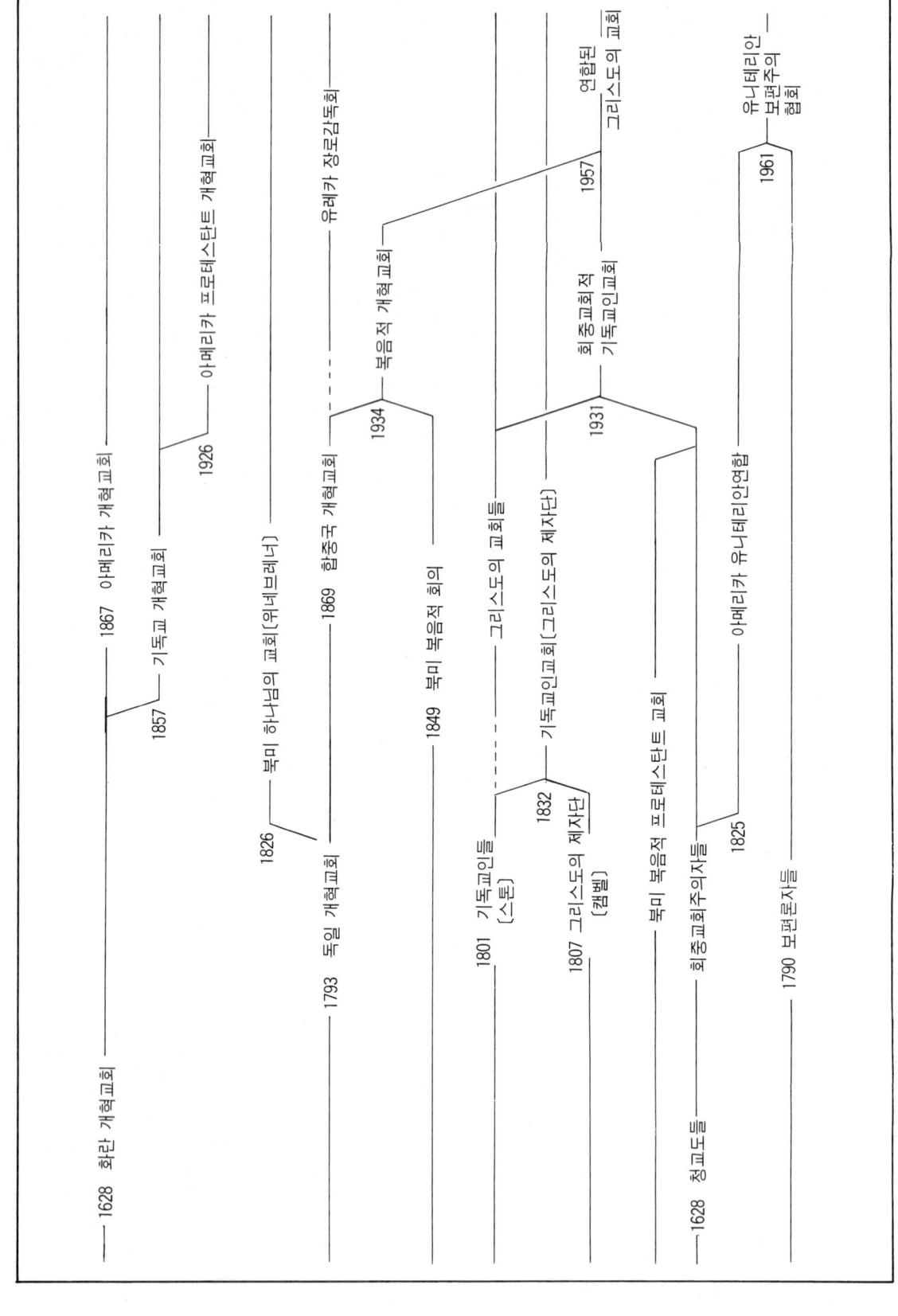

73. 미국 오순절 계보

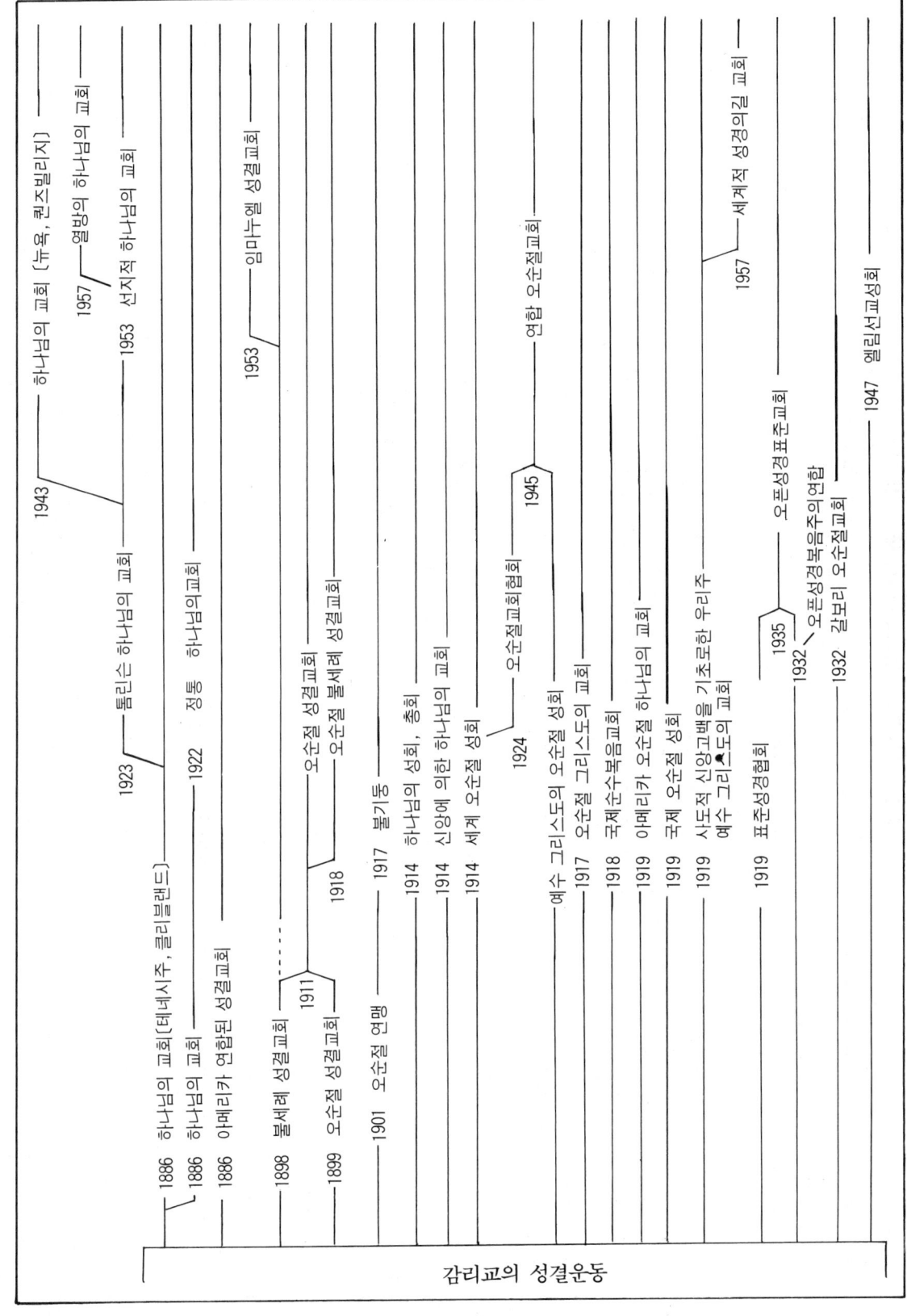

74. 미국 메노나이트 계보

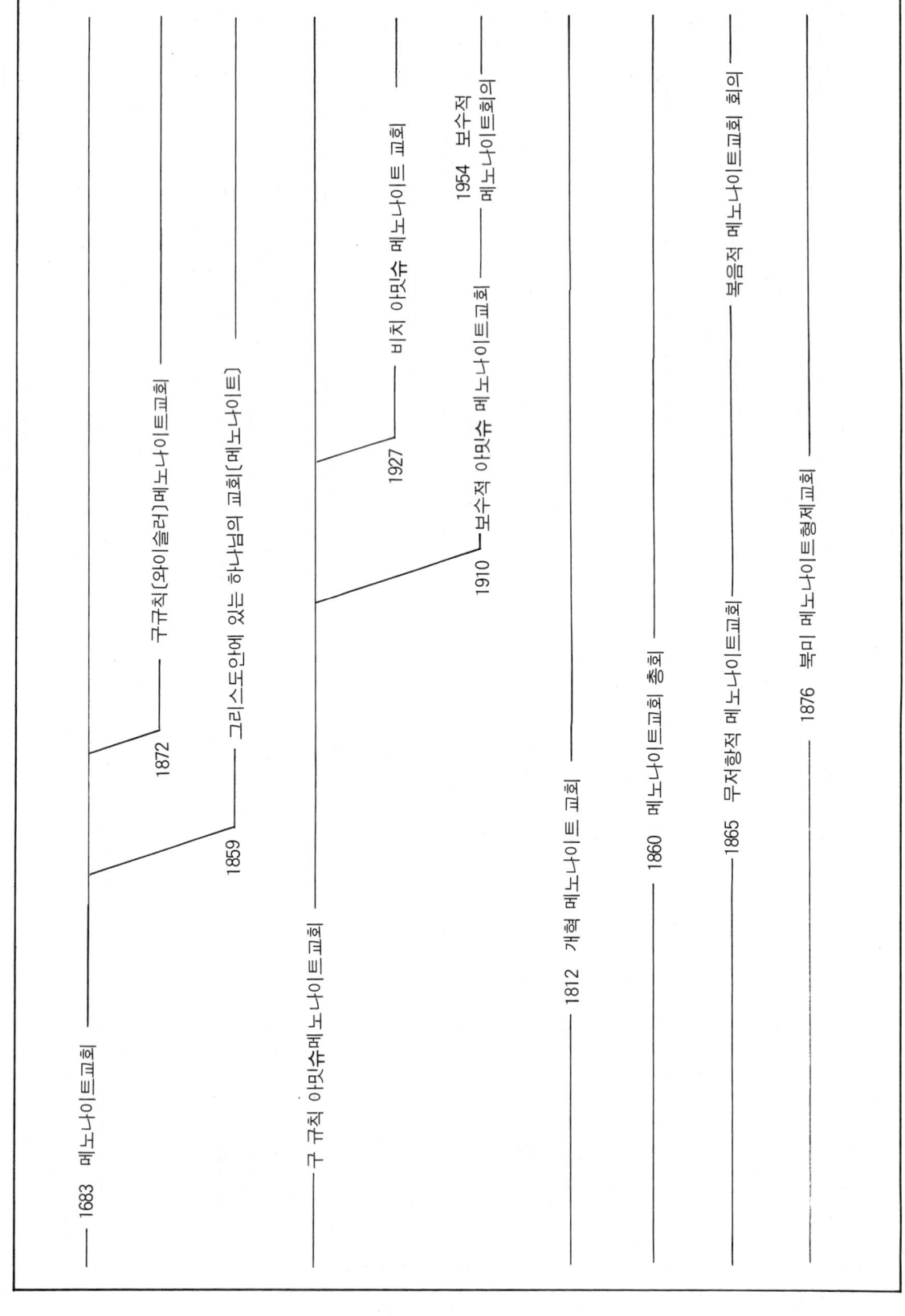

75. 몰몬교 계보

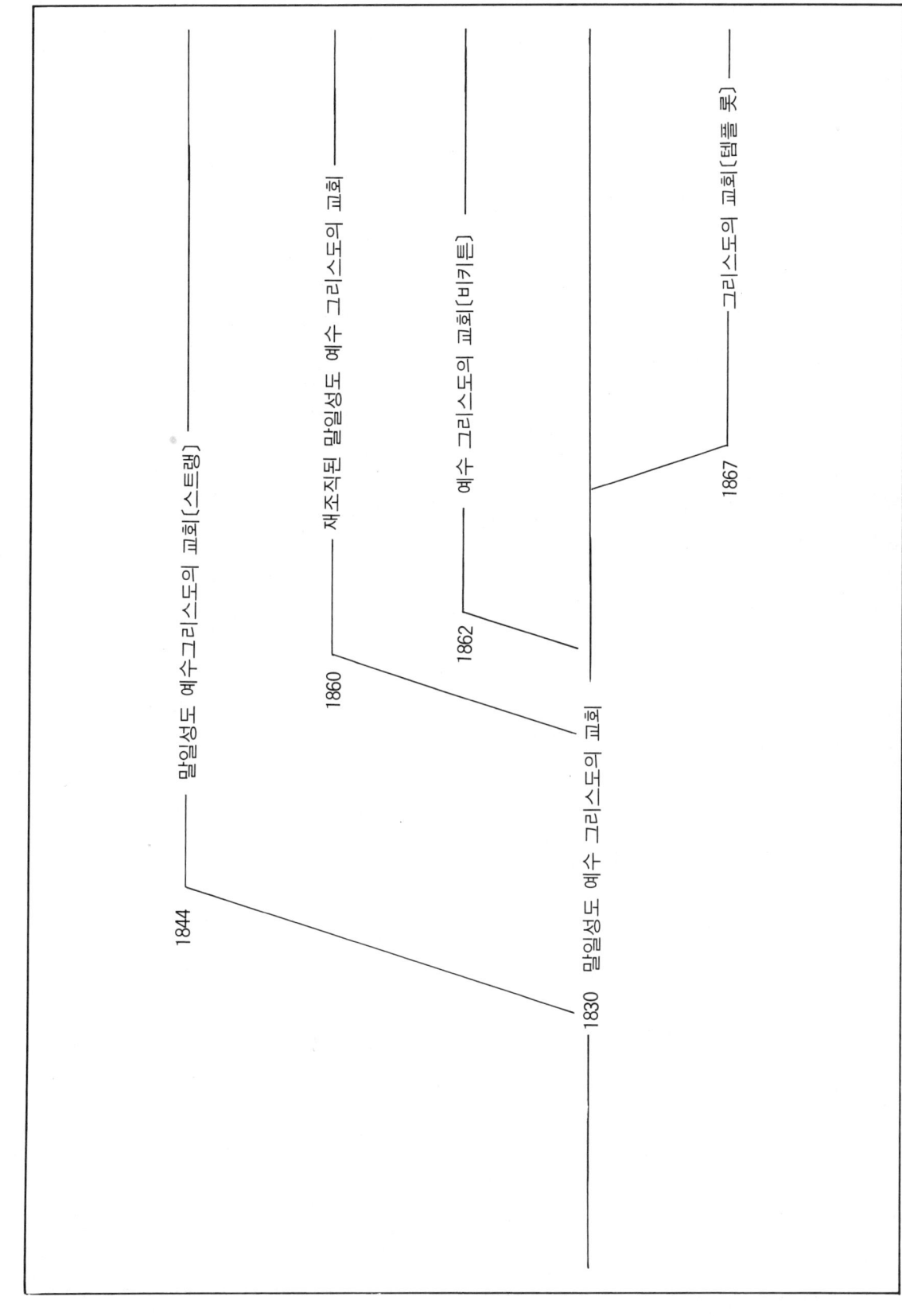

76. 미국 예수재림교 계보

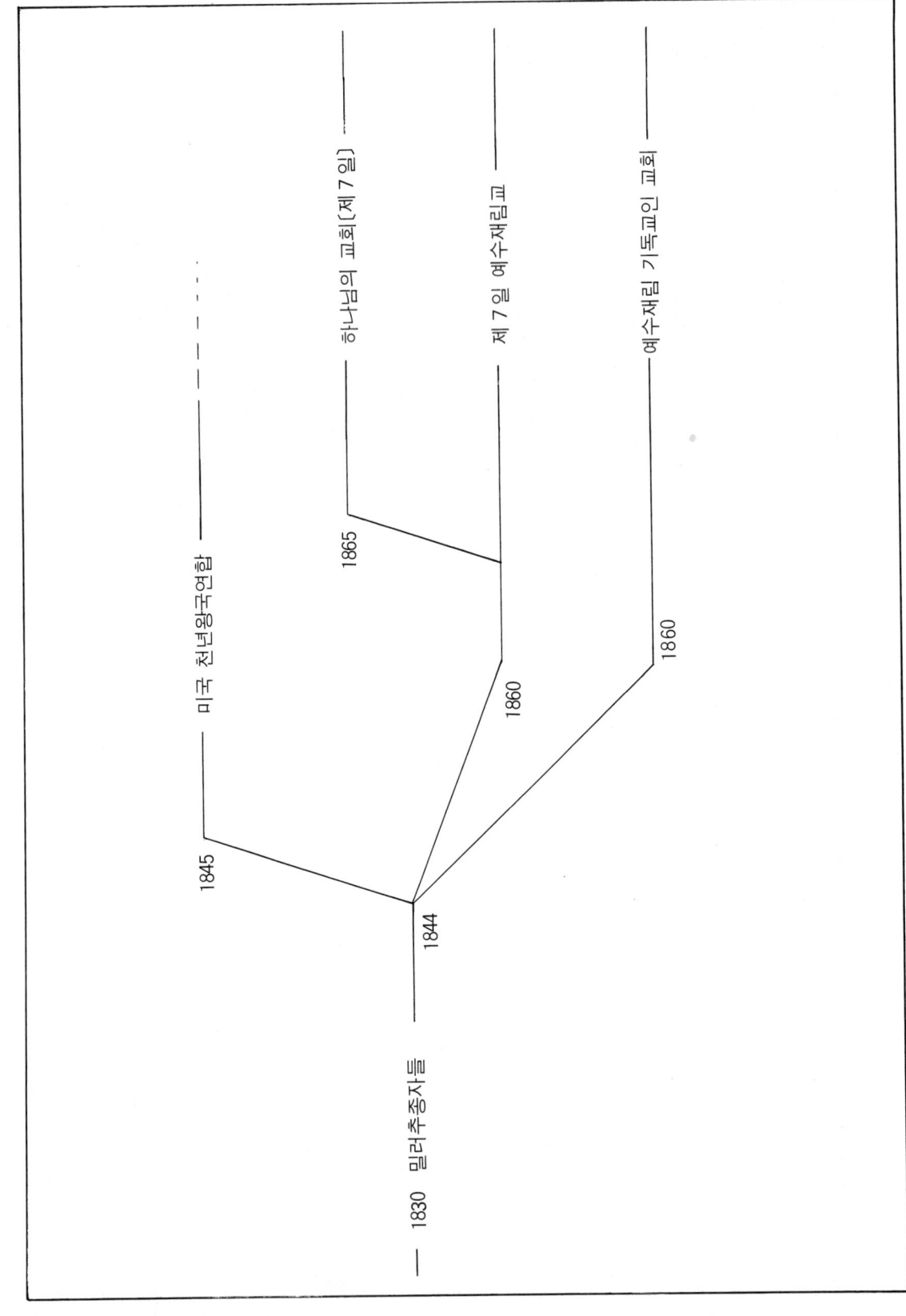

77. 조직신학과 교회사의 평행구조

조 직 신 학 요 점	교 회 사 에 서 의 평 행 적 발 전
1. 성경론 – 성경에 관한 교리	· 영지주의와 신약정경결집 [2-4세기]
2. 정당한 신학 – 신론 3. 그리스도론 – 기독론 4. 영론 – 성령론	· 삼위일체 논쟁 [4세기] · 기독론 논쟁 [5세기]
5. 인간론 – 인간교리	· 펠라기안 논쟁 [5-7세기]
6. 구원론 – 구원교리	· 종교개혁 　개신교 : 가톨릭 [16세기] 　개혁파 : 알미니안파 [17세기]
7. 교회론 – 교회교리	· 종교개혁 　개신교 : 카톨릭 [16세기] 　루터파와 개혁파 : 재침례파
8. 종말론 – 마지막 일에 관한 교리	· 세대주의, 재림론 등 　[19-20세기]

78. 교황명부 [로마 가톨릭 공인]

재위연대	교황의 이름	재위연대	교황의 이름	재위연대	교황의 이름
30-67	베드로	468-483	심플리키우스	752-757	스테파누스 3세
67-76	리누스	483-492	펠릭스 2세	757-767	파울루스 1세
76-88	아나클레투스 1세	492-496	겔라시우스 1세	768-772	스테파누스 3세
88-97	클레멘트 1세	496-498	아나스타시우스 2세	772-795	하드리아누스 1세
97-105	에바리스투스	498-514	심마쿠스	795-816	레오 3세
105-115	알렉산더 1세	514-523	호르미스다스	816-817	스테파누스 4세
115-125	식스투스 1세	523-526	요안네스 1세	817-824	파스칼리스 1세
125-136	텔레스포루스	526-530	펠릭스 3세	824-827	유게니우스 2세
136-140	하기누스	530-532	보니파스 2세	827	발렌티누스
140-155	피우스 1세	533-535	요안네스 2세	827-844	그레고리 4세
155-166	아니케투스	535-536	아가페투스 1세	844-847	세르기우스 2세
166-175	소테르	536-537	실베리우스	847-855	레오 4세
175-189	엘류테리우스	537-555	비길리우스	855-858	베네딕투스 3세
189-199	빅토르 1세	556-561	펠라기우스 1세	858-867	니콜라우스 1세
199-217	제피리누스	561-574	요안네스 3세	867-872	하드리아누스 2세
217-222	칼리스투스 1세	575-579	베네딕투스 1세	872-882	요안네스 8세
222-230	우르바누스 1세	579-590	펠리기우스 2세	882-884	마리누스 1세
230-235	폰티아누스	590-604	그레고리 1세	884-885	하드리아누스 3세
235-236	안테루스	604-606	사비니아누스	885-891	스테파누스 5세
236-250	파비아누스	607	보니파스 3세	891-896	포르모수스
251-253	코르넬리우스	608-615	보니파스 4세	896	보니파스 6세
253-254	루키우스 1세	615-618	데우스데디투스	896-897	스테파누스 7세
254-257	스테파누스 1세	619-625	보니파스 5세	897	로마누스
257-258	식스투스 2세	625-638	호노리우스 1세	897	데오도루스 2세
259-268	디오니시우스	640	세베리누스	898-900	요안네스 9세
269-274	펠릭스 1세	640-642	요안네스 4세	900-903	베네딕투스 4세
275-283	유티키아누스	642-649	데오도루스 1세	903	레오 5세
283-296	카이우스	649-655	마르티누스 1세	904-911	세르기우스 3세
296-304	마르첼리누스	654-657	유게니우스 1세	911-913	아나스타시우스 3세
308-309	마르첼루스 1세	657-672	비탈리아누스	913-914	란도
310	유세비우스	672-676	아데오다투스	914-928	요안네스 10세
311-314	멜키아데스	676-678	도누스	928	레오 6세
314-335	실베스터 1세	678-681	아가도	928-931	스테파누스 7(8)세
336	마르쿠스	682-683	레오 2세	931-935	요안네스 11세
337-352	율리우스 1세	684-685	베네딕투스 2세	936-939	레오 7세
352-366	리베리우스	685-686	요안네스 5세	939-942	스테파누스 8(9)세
366-384	다마수스 1세	686-687	코논	942-946	마르티누스 2세
384-399	시리키우스	687-701	세르기우스 1세	946-955	아가페투스 2세
399-401	아나스타시우스 1세	701-705	요안네스 6세	955-964	요안네스 12세
401-417	이노센트 1세	705-707	요안네스 7세	963-965	레오 8세
417-418	조시무스	708	시시니우스	964-966	베네딕투스 5세
418-422	보니파키우스 1세	708-715	콘스탄틴 1세	965-972	요안네스 13세
422-432	셀레스틴 1세	715-731	그레고리 2세	973-974	베네딕투스 6세
432-440	식스투스 3세	731-741	그레고리 3세	974-983	베네딕투스 7세
440-461	레오 1세	741-752	자카리아스	983-984	요안네스 14세
461-468	힐라리우스	752	스테파누스 2세	985-996	요안네스 15세

교황명부〔로마 가톨릭 공인〕(계속)

재위연대	교황의 이름	재위연대	교황의 이름	재위연대	교황의 이름
996–999	그레고리우스 5세	1272–1276	그레고리 10세	1591	이노센트 9세
999–1003	실베스터 2세	1276	이노센트 5세	1592–1605	클레멘트 8세
1003	요안네스 17세	1276	하드리아누스 5세	1605	레오 11세
1004–1009	요안네스 18세	1276–1277	요안네스 21세	1605–1621	파울루스 5세
1009–1012	세르기우스 4세	1277–1280	니콜라우스 3세	1621–1623	그레고리 15세
1012–1024	베네딕투스 8세	1281–1285	마르티누스 4세	1623–1644	우르바누스 8세
1024–1032	요안네스 19세	1285–1287	호노리우스 4세	1644–1655	이노센트 10세
1032–1044	베네딕투스 9세	1288–1292	니콜라우스 4세	1655–1667	알렉산더 7세
1045	실베스터 3세	1294	셀레스틴 5세	1667–1669	클레멘트 9세
1045	베네딕투스 9세	1294–1303	보니파스 8세	1670–1676	클레멘트 10세
1045–1046	그레고리 6세	1303–1304	베네딕투스 11세	1676–1689	이노센트 11세
1046–1047	클레멘트 2세	1305–1314	클레멘트 5세	1689–1691	알렉산더 8세
1047–1048	베네딕투스 9세	1316–1334	요안네스 22세	1691–1700	이노센트 12세
1048	다마수스 2세	1334–1342	베네딕투스 12세	1700–1721	클레멘트 11세
1049–1054	레오 9세	1342–1352	클레멘트 6세	1721–1724	이노센트 13세
1055–1057	빅토르 2세	1352–1362	이노센트 6세	1724–1730	베네딕투스 13세
1057–1058	스테파누스 9세	1362–1370	우르바누스 5세	1730–1740	클레멘트 12세
1059–1061	니콜라우스 2세	1370–1378	그레고리 11세	1740–1758	베네딕투스 14세
1061–1073	알렉산더 2세	1378–1389	우르바누스 6세	1758–1769	클레멘트 13세
1073–1085	그레고리 7세	1389–1404	보니파스 9세	1769–1774	클레멘트 14세
1086–1087	빅토르 3세	1404–1406	이노센트 7세	1775–1799	피우스 6세
1088–1099	우르바누스 2세	1406–1415	그레고리 12세	1800–1823	피우스 7세
1099–1118	파스칼리스 2세	1417–1431	마리티누스 5세	1823–1829	레오 12세
1118–1119	겔라시우스 2세	1431–1447	유게니우스 4세	1829–1830	피우스 8세
1119–1124	칼리스투스 2세	1447–1455	니콜라우스 5세	1831–1846	그레고리 16세
1124–1130	호노리우스 2세	1455–1458	칼리스투스 3세	1846–1878	피우스 9세
1130–1143	이노센트 2세	1458–1464	피우스 2세	1878–1903	레오 13세
1143–1144	셀레스틴 2세	1464–1471	파울루스 2세	1903–1914	피우스 10세
1144–1145	루키우스 2세	1471–1484	식스투스 4세	1914–1922	베네딕투스 15세
1145–1153	유게니우스 3세	1484–1492	이노센트 8세	1922–1939	피우스 11세
1153–1154	아나스타시우스 4세	1492–1503	알렉산더 6세	1939–1958	피우스 12세
1154–1159	하드리아누스 4세	1503	피우스 3세	1958–1963	요안네스 23세
1159–1181	알렉산더 3세	1503–1513	율리우스 2세	1963–1978	파울루스 6세
1181–1185	루키우스 3세	1513–1521	레오 10세	1978	요안네스파울루스 1세
1185–1187	우르바누스 3세	1522–1523	하드리아누스 6세	1978–	요안네스파울루스 2세
1187	그레고리 8세	1523–1534	클레멘트 7세		
1187–1191	클레멘트 3세	1534–1549	파울루스 3세		
1191–1198	셀레스틴 3세	1550–1555	율리우스 3세		
1198–1216	이노센트 3세	1555	마르켈루스 2세		
1216–1227	호노리우스 3세	1555–1559	파울루스 4세		
1227–1241	그레고리 9세	1559–1565	피우스 4세		
1241	셀레스틴 4세	1566–1572	피우스 5세		
1243–1254	이노센트 4세	1572–1585	그레고리 13세		
1254–1261	알렉산더 4세	1585–1590	식스투스 5세		
1261–1264	우르바누스 4세	1590	우르바누스 7세		
1265–1268	클레멘트 4세	1590–1591	그레고리 14세		

79. 개신교 선교사

이 름	기 간	사역지	모 국	소속교파	선 교 조 직
존 엘리옷 John Eliot	1604–1690	북미 인디안	잉글랜드	회중교회	· 뉴 잉글랜드 내 복음전파회
토마스 브레이 Thomas Bray	1656–1730	북미영국령	잉글랜드	영국국교	· 기독교지식 향상회〔설립자〕 · 해외 복음전파회〔설립자〕
바들로매 지겐발그 Bartholomaus Ziegenbalg	1684–1719	인 도	독 일	루터파	· 화란계 할레 선교회
데이비드 브레이너드 David Brainerd	1718–1747	북미 인디안	코네티컷주	회중교회	· 기독교지식 전파를 위한 스코틀랜드 선교회
크리스찬 프리드리히 쉬바르츠 Christian Friedrich Schwartz	1726–1798	인 도	독 일	루터파	· 화란계 할레 선교회
윌리암 케리 William Carey	1761–1834	인 도	잉글랜드	침례교	· 침례교 선교회〔설립자〕
헨리 마틴 Henry Martyn	1781–1812	인 도 페르시아	잉글랜드	영국국교	· 영국 동인도회사〔사목〕
로버트 모리슨 Robert Morrison	1782–1834	중 국	잉글랜드	영국국교	· 런던 선교회
아도니람 저드슨 Adoniram Judson	1788–1850	버 마	미 국	침례교	· 아메리카 해외선교부〔설립자〕
로버트 모팻 Robert Moffison	1795–1883	남아프리카	스코틀랜드	감리교	· 런던 선교회
엘리야 브릿지만 Elijah G. Bridgman	1801–1861	중 국	미 국	회중교회	· 아메리카 해외선교부
알렉산더 더프 Alexander Duff	1806–1878	인 도	스코틀랜드	장로교	· 스코틀랜드 교회
사무엘 그로우서 Samuel A. Crowther	약 1806–1891	나이제리아	나이제리아	영국국교	· 교회선교회

개신교 선교사(계속)

이 름	기 간	사역지	모 국	소속교파	선 교 조 직
존 크라프 John Krapf	1810- 1881	아프리카 동 부	독 일	루터파	· 교회선교회
데이비드 리빙스톤 David Livingstone	1813- 1873	아프리카	스코틀랜드	독립교회	· 런던 선교회
윌리암 번즈 William C. Burns	1815- 1868	중 국	스코틀랜드	장로교	· 영국 장로교회
요한네스 레브만 Johannes Rebmann	1819- 1876	아프리카 동 부	독 일	루터파	· 교회 선교회
존 페이튼 John G. Paton	1824- 1907	뉴 헤브리드스	스코틀랜드	개혁주의적 장 로 교	· 스코틀랜드 개혁장로교회
존 네비우스 John L. Nevius	1829- 1893	중 국	미 국	장 로 교	· 장로교 해외선교부
허드슨 테일러 J. Hudson Taylor	1832- 1905	중 국	잉글랜드	감 리 교	· 중국내지 선교회〔설립자〕
그라탄 기네스 H. Grattan Guinness	1835- 1910	콩 고	아일랜드	아린랜드교회	· 리빙스톤 내지 선교회〔설립자〕 · 북부 아프리카 선교회〔설립자〕 · 선교연맹의 지역을 넘어선 지역들〔설립자〕
매리 슬레서 Mary Slessor	1848- 1915	아프리카 서 부	스코틀랜드	장 로 교	· 스코틀랜드 연합 장로교회
스투드 C. T. Studd	1862- 1931	중 국 인 도 콩 고	잉글랜드	영국국교	· 중국 내지 선교회 · 중부 아프리카 선교회〔설립자〕
알베르트 슈바이쳐 Albert Schweitzer	1875- 1965	적도 아프리카의 프랑스령	독 일	루 터 파	· 파리 복음선교회

80. 가톨릭 선교사

이 름	시 기	사 역 지	출 생 국	소속 수도단
바로돌로메 드 라 카사 Bartolome De Las Casas	1474- 1566	남 미	스페인	도미니크
프란시스 자비에르 Francis Xavier	1506- 1552	인도, 실론, 동부 인도, 일본	스페인	예수회
프란시스 솔라누스 Francis Solanus	1549- 1610	남 미	스페인	프란시스코
마테오 리치 Matteo Ricci	1552- 1610	중 국	이태리	예수회
로베르트 드 노빌리 Robert De Nobili	1577- 1656	인 도	이태리	예수회
알렉산더 드 로드 Alexander De Rhodes	1591	월 남	프랑스	예수회
요한 아담 샬 폰 벨 Johann Adam Schall Von Bell	1591- 1666	중 국	독일	예수회
구글리멜로 마싸야 Guglielmo Massaja	1809- 1889	이디오피아	이태리	카푸친
데오빌 베르비스트 Theophile Verbist	1823- 1863	몽 고	벨기에	「숫펠트 신부단」 〔설립자〕
찰스 라비게리 Charles N. A. Lavigerie	1825- 1892	북부아프리카	프랑스	「백의 신부단」 〔설립자〕
요셉 다미엔 드 포이스터 Joseph Damien De Veuster	1840- 1889	하와이	벨기에	「피크푸스 신부단」
찰스 유진 드 푸칼드 Charles Eugene De Fougauld	1858- 1916	북부아프리카	프랑스	탁발 수도단

81. 기독교의 아프리카 토착화운동

운동의 이름	지 도 자	교파적성향	기 원	지리적 위치	특 이 점
이디오피아 교회 Ethiopian Church	망게나 모코니 Mangena M. Mokone	웨슬레	1892	남아프리카	· 아프리카 교회에 대한 유럽교회의 간섭을 배격.
아마－시라이엘리 〔이스라엘 계열〕 Ama－Sirayell	에노크 마기지마 Enoch Mgijima	영국국교	1910	남아프리카	· 헬리혜성은 교회에 주는 표징임. · 신약거부, 구약에로 돌아가자. · 신앙치유
헤리스 크리스챤스 Harris Christians	윌리암 와데 헤리스 William Wade Harris	감리교	1913	아이보리 코스트 리베리아 골드 코스트	· 신앙치유 · 주물(주술하는 물건) 거부
말라카이츠 Malakites	말라키 무사야카와 Malaki Musajakawa	영국국교	1913	우간다	· 의사와 의약품 거절 · 일부다처제 옹호
	가릭 소카리 브레이드 Garrick Sokari Braid	영국국교	1916	나이지리아	· 제2의 엘리야로 자칭 · 초자연적 환상 · 신앙치유 · 의사와 의약품 거절 · 금 주
킴방기스트 교회 Kimbanguist Church	시몬 킴방구 Simon Kimbangu	침례교	1921	콩 고	· 신앙치유 · 주물 거부 · 일부다처제 거부

82. 영어 성경 번역본

번 역 본	시 기	번 역 자	주 요 사 항
위클리프 성경 Wyclffe Bible	1380 – 1384	· 존 위클리프와 그 회원들	· 라틴어 역본에 의존.
틴데일 성경 Tyndale Bible	1525 – 1530	· 윌리암 틴데일	· 신약과 5경, 히브리 원문에 의거함.
커버데일 성경 Coverdale Bible	1535	· 마일스 커버데일	· 틴데일 성경을 완성시킴.
매튜 성경 Matthew's Bible	1537	· 존 로저스	· 틴데일과 커버데일 성경을 사용.
대 성경 Great Bible	1539	· 마일스 커버데일	· 헨리 8세의 명에 의거 매튜성경을 개정.
제네바 성경 Geneva Bible	1560	· 제네바에 있던 영국 청교도들	· 칼빈주의적 입장에서 「대성경」을 개정.
주교의 성경 Bishops Bible	1568	· 매튜 파커와 그 친구들	· 「대성경」의 개정, 「대성경」이 제네바성경의 청교도주의에 지나치게 영향받았다는 데에 대한 반동으로.
라임스-두아이 판 Rheims-Douai Version	1582-신약 1610-구약	· 그레고리 마틴과 영국 카톨릭 과학자들	· 라틴어 역본에 기초한 로마카톨릭 성경. · 라임즈 대학과 나중에 두아이 대학에서 편찬.
인정판〔킹제임스판〕 Anthorized Version (King James Version)	1604 – 1611	· 다양한 신학적 입장을 가진 54명의 영국 과학자들	· 1604년 햄프튼 법정협정 이후 제임스 1세에 의해서 추진됨. 구문강독을 위해서 시를 재편하였고, 레셉투스 텍스투스에 기초함.
챌로너 개정판 Challoner Revision	1749 – 1750	· 리차드 챌로너	· 라임스-두아이판의 카톨릭 번역판. · 킹 제임스판과 유사한 언어로 편성.
알포드 번역판 Alford Translation	1861-신약 1869-구약	· 헨리 알포드	· 캔터베리 대성당학교장이 편찬.
다비 번역판 Darby Translation	1871	· 존 넬슨 다비	· 초기 플리머스 형제단의 지도자와 세대주의의 창시자에 의해서 번역.
영어 개정판(ERV) English Revised Version	1881 – 1885	· 다양한 신학적 입장을 지닌 65명의 영국학자들	· 웨스트콧과 호트의 문서원칙을 사용 매우 문자적.
미국 표준판(ASV) American Standard Version	1901	· ERV와 같은 시대의 미국 학자들.	· 미국 학자의 취향에 맞게 ERV를 약간 변형.
현대어 신약 The New Testament in Modern Speech	1903	· 리차드 F. 웨이머스	· 고전 헬라어 학자에 의한 번역본.
새 성경 번역 A New Translation Of The Bible	1913-신약 1924-구약	· 제임스 모팻	· 자유로운 번역, 본문에 충실하지 않으나 영국에서는 대중적으로 사용.
완전한 성경 : 미국번역판 The Complete Bible : An American Translation	1923-신약 1927-구약	· J. M. P. 스미스 · E. J. 굿스피드	· 두명의 미국학자에 의해서 번역된 좋은 강독성경.
낙스 판 Knox Version	1944-신약 1949-구약	· 로날드 낙스	· 라틴어 역본에 기초한 로마 가톨릭 성경.

영어 성경 번역본(계속)

번역본	시기	번역자	주요 사항
개정표준판 Revised Standard Version	1946-신약 1952-구약	· 광범위하게 보편적인 32명의 미국학자들	· 「전국 교회 연합회」의 자원을 받음 ASV의 개정판
신약 : 단순영어에 의한 새번역 A New Translation in Plain English	1952	· C. K. 윌리암스	· 어휘의 단순함을 강조
성경의 새세계 번역 New World Translation of Holy Scriptures	1955 1961 : 개정	· 나단 H. 노르 · 프레드릭 W. 프란즈와 그 동료들	· 「여호와의 증인」의 번역으로서 자기들의 신학적 특이점을 강조.
현대영어 신약성경 The New Testament in Modern English	1958 1972 : 개정	· J. B. 필립스	· 살아있는 언어로 자유롭게 번역
버클리 판 Berkely Version	1945-신약 1959-구약	· 게릿 베르쿠일(신약) · 20명의 보수신학자(구약)	· 캘리포니아 버클리 대학에서 편찬, 「현대어 성경」으로 알려짐.
부연 성경 Amplified Bible	1958-신약 1959-구약	· 12명의 편집자	· 캘리포니아에서 편찬, 여러 단어의 부페식 나열형태.
예루살렘 성경 Jerusalem Bible	1966	· 예루살렘의 로마 카톨릭 학교	· 히브리원어 성경에 근거한 최초의 카톨릭 성경
바클리 신약 Barclay New Testament	1969	· 윌리암 바클리	· 대중적인 영국 설교가와 저술가에 의해서 번역.
새영어 성경 New English Bible	1961-신약 1970-구약	· C. H. 다드와 여러가지 신학적 입장을 지닌 영국 학자들	· 대영국 성서공회와 교회의 지원을 받음 폭넓게 문자교정을 함.
새 미국 성경 New American Bible	1970	· 카톨릭 교리에 의하여 주교단에 선임한 카톨릭 학자들	· 협회판을 개정한 것으로 예루살렘 성경보다 더 형식적임.
새 미국 표준성경 New American Standard Bible	1963-신약 1971-구약	· 복음적 학자들	· ASV의 개정판 · 록맨재단의 지원을 받고, 대체로 20세기 중엽의 문체를 사용.
리빙 바이블 Living Bible	1971	· 케넷 테일러	· 느슨하지만 읽기에는 좋음.
굿 뉴스 바이블 [현대인을 위한 영어성경] Good News Bible (Today's English Version)	1966-신약 1976-구약	· 로버트 브랫처	· 미국 성서공회의 지원을 받음. "역동적인 균형"을 원칙으로 하여 어휘를 단순화시킴.
새 국제판 New Insternational Version	1973-신약 1978-구약	· 에드윈 팔머와 115명의 복음적 학자들	· 뉴욕 성서공회〔현재는 국제 성서공회임〕의 지원을 받음. · 여러 영어권에서 온 학자들로서 번역진을 구성하여 정확성과 읽기 편하게끔 만듦.
새 킹제임스 판 New King James Version	1982	· 아더 L. 파스타드와 130명의 복음적 학자들	· 토마스 넬슨 출판사의 지원을 받음. · KJV의 현대판, 레셉투스 본문을 사용
리더즈 다이제스트 성경 Reader's Digest Bible	1982	· 브루스 메츠거와 동료들	· 원래 성경의 60%정도를 압축. · 서론부분에 비판적 신학 입장을 반영.

83. 개신교 교회사가

이 름	시 기	출 생 지	교파적 성향	연구의 시기	대 표 저 서
존 폭스 John Foxe	1516- 1587	잉글랜드 링컨셔	영국국교	·1556년의 초기교회 특히 잉글랜드의 메리여왕 박해 때 집중	·교회의 행적 및 기념물 〔폭스의 순교자책〕
맛디아 플라시우스 일리리쿠스 Matthias Flaciu Illyricus	1520- 1575	일리리아	루터교회	·종교개혁에 국한	·마그데부르크 시절 〔편집-13권〕
코튼 마더 Cotton Mather	1663- 1728	메사추세스주 보스톤	회중교회	17세기의 청교도 뉴 잉글랜드	·아메리카에서 행하여진 그리스도의 위대한 업적
네안더 J.A.W. Neander	1789- 1850	독일 괴팅겐	루터교회	전시대	·기독교와 교회의 일반 역사-6권
메를리 도빙 J. H. Merle D'aubigne	1794- 1872	스위스, 제네바	스위스 복음교회	종교개혁	·16세기 종교개혁사-5권 ·칼빈시대의 유럽종교개혁사-8권 ·잉글랜드 종교개혁사-2권
윌리암 커닝햄 William Cunningham	1805- 1861	스코틀랜드 해밀톤	스코틀랜드 자유교회	신학사	·역사신학 ·종교개혁의 기수들과 신학
필립 샤프 Philip Schaff	1819- 1861	스위스, 추르	독일계 개혁교회	종교개혁을 통해 본 사도시대	·기독교사-8권 ·기독교왕국의 신조-3권
아돌프 폰 하르낙 Adolf Von Harnack	1851- 1930	에스토니아, 돌팻	루터교회	니케네이전 시대	·교리사 ·초기 3세기 동안의 기독교선교 및 확장사
윌리스톤 월커 Williston Walker	1860- 1922	매인주 포틀랜드	회중교회	전시대	·기독교회사 ·미국 내 회중교회사 ·종교개혁
윌리암 스위트 William W. Sweet	1881- 1959	캔사스 주 볼드윈	감리교회	아메리카 교회사	·아메리카 종교사 ·아메리카 개척자들의 종교 ·아메리카 역사에 있어서 감리교
케넷 스콧 라토렛 Kenneth Scott Latourette	1884- 1968	오레곤	침례교회	전시대	·기독교사 ·기독교의 확장사-7권 ·혁명시대의 기독교 5권

84. 교회사의 진자운동

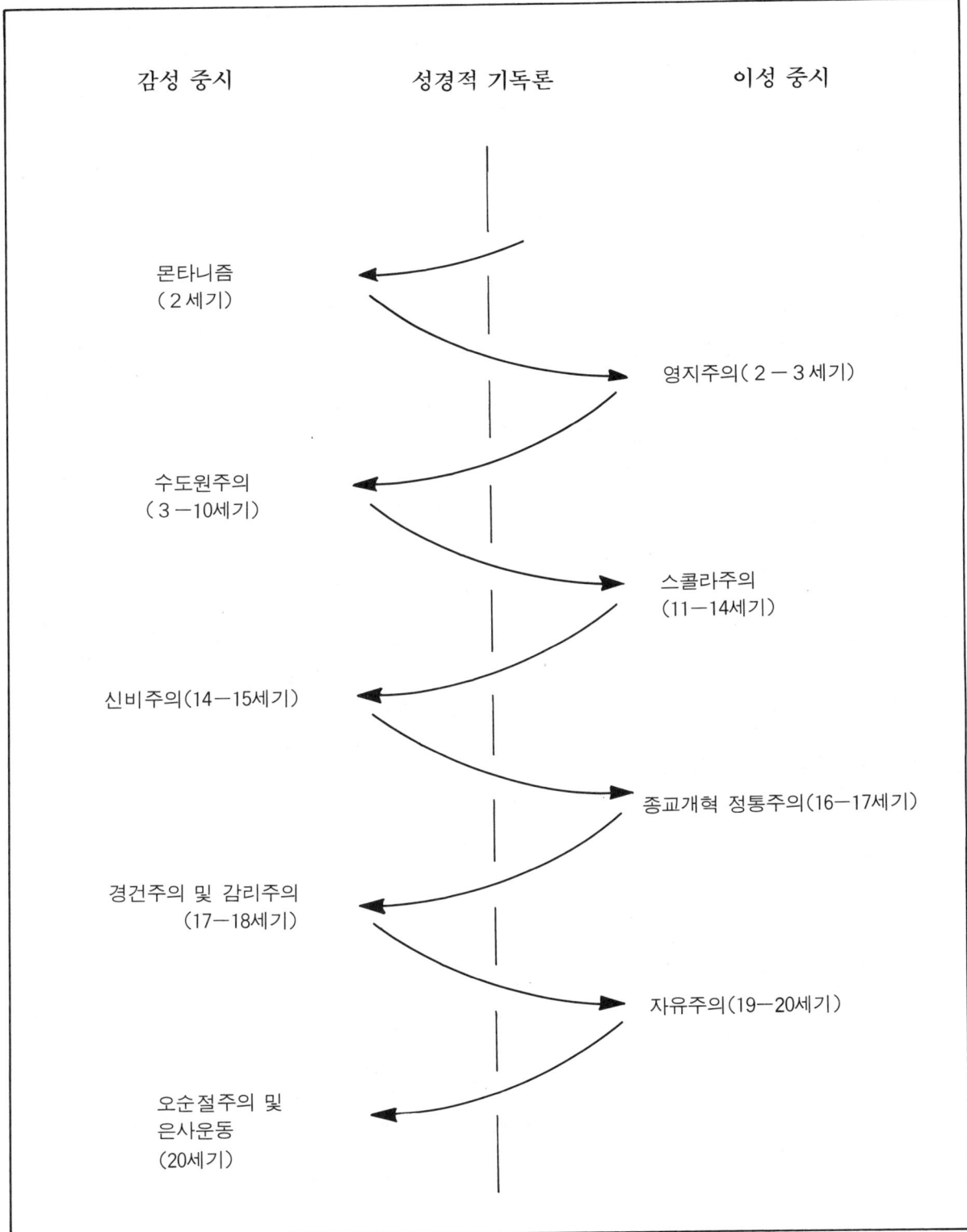

85. 세기별 주요사건

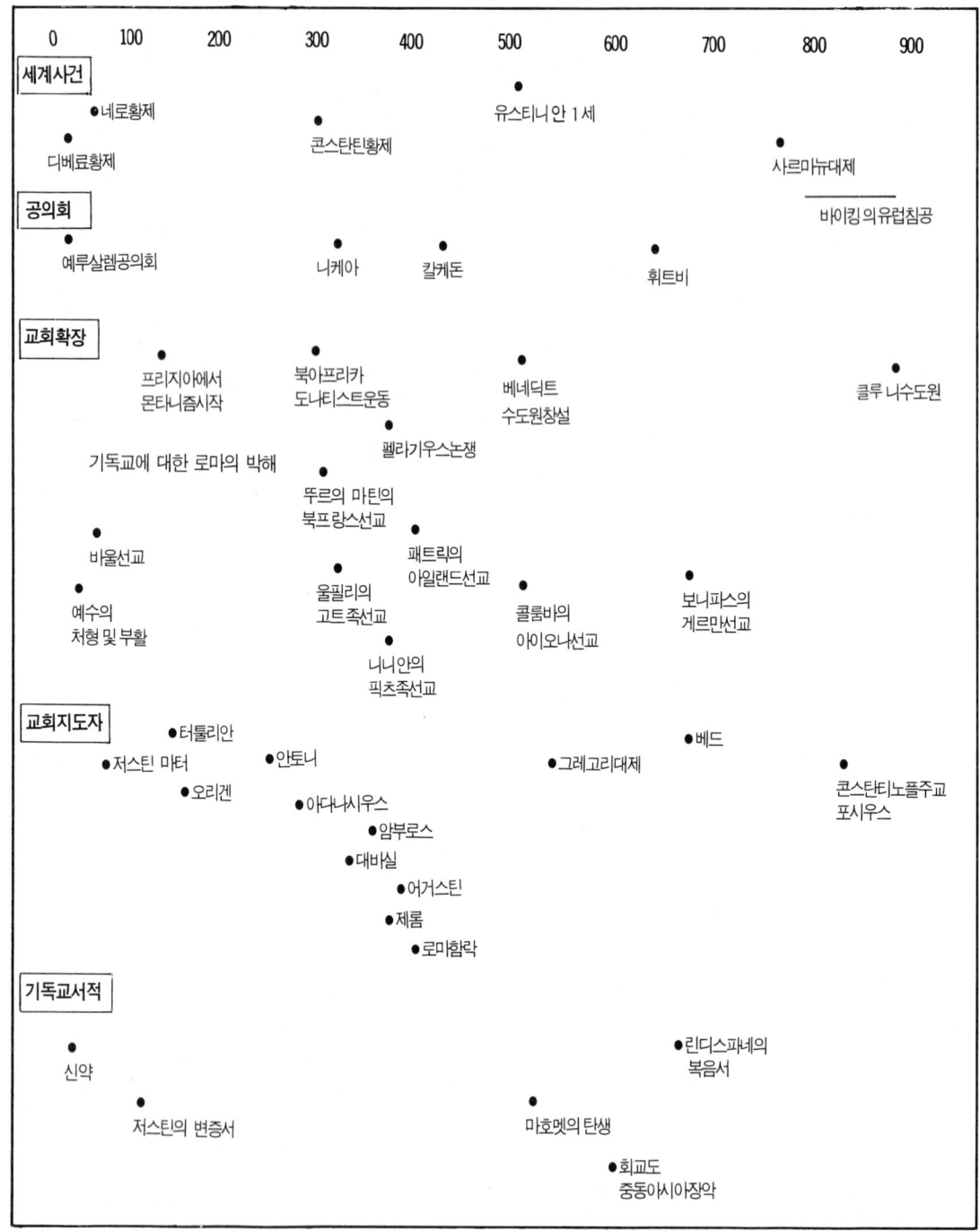

세기별 주요사건(계속)

86. 세계 기독교 통계표

세계인구	1900	1970	1980	1988	2000
1. 총인구수	1,619,886,800	3,610,034,400	4,373,917,500	5,104,522,300	6,259,642,000
2. 도시거주자수	232,694,900	1,354,237,000	1,797,479,000	2,265,263,900	3,160,381,900
3. 농촌거주자수	1,387,191,900	2,255,797,400	2,576,438,500	2,839,258,300	3,099,260,100
4. 성인수	1,025,938,000	2,245,227,300	2,698,396,900	3,131,169,600	3,808,564,300
5. 문자해독자수	286,705,000	1,437,761,900	1,774,002,700	2,111,272,600	2,697,595,100
6. 문맹자수	739,233,000	807,465,400	924,394,200	1,019,897,000	1,110,969,200
종교분포도					
7. 기독교(전교파 포함)	558,056,300	1,216,579,400	1,432,686,500	1,684,533,500	2,130,000,000
8. 회교	200,102,200	550,919,000	722,956,500	881,680,000	1,200,653,000
9. 유물론	2,923,300	543,065,300	715,901,400	835,335,600	1,021,888,400
10. 힌두교	203,033,300	465,784,800	582,749,900	674,564,600	859,252,300
11. 불교	127,159,000	231,672,200	273,715,600	316,201,000	359,092,100
12. 무(無)교	225,600	165,288,500	195,119,400	227,228,700	262,447,600
13. 신흥종교	5,910,000	76,443,100	96,021,800	113,454,200	138,263,800
14. 부족종교	106,339,600	88,077,400	89,963,500	99,201,600	100,535,900
15. 유대교	12,269,800	15,185,900	16,938,200	18,429,100	20,173,600
16. 시크교	2,960,600	10,612,200	14,244,400	17,017,000	23,831,700
17. 기타	400,907,100	246,406,600	233,620,300	236,876,300	143,503,600
기독교인의 구성비율					
18. 기독교인 인구비율	34.4	33.7	32.8	33.0	34.0
19. 등록교인수	521,563,200	1,131,809,600	1,323,389,700	1,555,199,600	1,967,000,000
20. 활동교인	469,259,800	884,021,800	1,018,355,300	1,176,352,800	1,377,000,000
21. 지하교인	3,572,400	55,699,700	70,395,000	126,500,000	176,208,000
22. 평균순교자수/년	35,600	230,000	270,000	310,000	500,000
기독교내 교파 현황					
23. 성공회	30,573,700	47,557,000	49,804,000	52,376,800	61,037,200
24. 가톨릭(비로마계)	276,000	3,134,400	3,439,400	3,720,600	4,334,100
25. 주변 개신교(Marginal Pro.)	927,600	10,830,200	14,077,500	17,109,600	24,106,200
26. 비백인계 토착 기독교	7,743,100	58,702,000	82,181,100	131,768,300	204,100,000
27. 희랍정교	115,897,700	143,402,500	160,737,900	175,456,800	199,819,000
28. 개신교	103,056,700	233,424,200	262,157,600	311,888,200	386,000,000
29. 로마가톨릭	266,419,400	672,319,100	802,660,000	926,359,100	1,144,000,000
대륙별 기독교인 현황					
30. 아프리카	8,756,400	115,924,200	164,571,000	212,481,200	323,914,900
31. 동아시아	1,763,000	10,050,200	16,149,600	75,747,100	128,000,000
32. 유럽	273,788,400	397,108,700	403,177,600	407,781,600	411,448,700
33. 남아메리카	60,025,100	262,027,800	340,978,600	413,842,300	555,486,000
34. 북아메리카	59,569,700	169,246,900	178,892,500	187,099,600	201,265,200
35. 오세아니아	4,311,400	14,669,400	16,160,600	17,548,300	21,361,500
36. 남아시아	16,347,200	76,770,200	106,733,200	134,715,900	185,476,700
37. 소련	97,002,000	86,012,330	96,726,500	105,517,600	118,101,000
기독교 기구					
38. 봉사단체	1,500	14,100	17,500	20,410	24,000
39. 외국선교회	600	2,200	3,100	3,800	4,800
40. 학교	9,500	80,500	91,000	98,400	103,000
세계복음화					
41. 비복음화된 지역의 인구수	788,159,000	1,391,956,000	1,380,576,000	1,295,304,700	1,038,819,000
42. 비복음화 비율	48.7	38.6	31.6	25.8	16.6
43. 무교회 지역의 부족수	3,500	1,300	700	500	200
44. A. D 30년부터의 세계복음화 계획	230	440	530	680	950

*도표의 출처 ; David B. Barrett, "Annual Statistical Table on Global Mission : 1988", International Bulletin of Missionary Research (Jan. 1988), P. 17.

부 록

한국 교회사

고덕상 編著

87. 한국교회의 시대분류〔개관〕

특 징 \ 연 대	1 기 1884-1919	2 기 1920-1938	3 기 1939-1945	4 기 1945-1975	5 기 1976-현재
시대적 특징	기독교의 전파. 개화 및 항일운동시기	복음확장과 계몽사업시기	신앙투쟁 및 암흑기	양적 확장 및 세속과 타협하는 시기	토착화 추구시기
시대의 주요환경	1기(1884-1905) 봉건사회의 타파 ·개화사상시기 2기(1905-1920) 항일운동 신앙의 축적기	20년대 : 공산주의국 내침투 진화론의 도입 독립군의 무력저항 30년대 : 경제대공황으로 인한 경제피폐 일제의 수탈감화 신비주의 발생	신사참배 거부 및 수용 일제의 제국주의 침략의 극성기 극도의 기독교 탄압	냉전체제 교회대 분열시기 이단종파의 대두 대부흥시기	경제급성장에 따른 신학제공 ·안병무 : 민중신학 ·조용기 : 가능성의 신학 민주화투쟁시기 통일문제
주요사건 - 일반사	·1876. 문호개방 ·1876-8 독립협회 ·1905. 을사보호조약 ·1910. 한일합방 1911. 105인사건 ·1919. 3.1 운동	·1927. 신간회조직 ·1929. 세계경제공황 광주학생운동 ·1931. 만주사변 ·1937. 중일전쟁	·1939. 창씨개명 조선·동아일보폐간 ·1943. 카이로선언 (한국독립암시)	·1945. 해방 ·1948. 정부수립 ·1950. 6. 25 전쟁 ·1960 4. 19의거 ·1961. 5. 16군사 쿠테타 ·1975 유신체제	·1979. 유신정권붕괴 12·12군사 쿠테타 ·1980. 광주의거 ·1981. 5공화국 출범 ·1988. 6공화국 출범 서울올림픽
주요사건 - 교회사	·1885. 아펜젤러 언더우드 본격선교시작 ·1885 배재학당 설립 ·1903 YMCA창설 상동교회 상동청년학교 ·1905. 장로회 12개 신조채택 ·1907 대부흥운동 장로회7인 목사안수 장로회 독노회조직	·1919. 제1차전진운동 ·1929. 제2차 전진운동 장로, 감리교활동) ·1925. 만주 침례교 목사 3인 순교(공산주의자) ·1930. 이용로 신비주의 ·1932. 예수교 사회신조채택 ·1933.「예수교회」 분립(한준명. 백남주 등)	·1938. 신사참배결의 (장로·감리교) 평양 신학교, 숭실 폐교 한상동, 주기철, 안이숙 등 투옥 (순교 50명, 투옥 2,000명) ·1939. 조선기독교 연합회결성 (기독교계의 친일화)	·1948. 재건교회 ·1950. 북한교회 폐쇄 ·1952. 한국복음 주의 협회 (NAE) 결성 ·1954. 기독교방송국 개국 ·1955. 통일교 문선명 구속	·1976. 예장 합동측 분열시작 ·1981. 각종시국 선언문 채택
인 물	로스목사, 서상륜, 서경조, 이수정, 이상재, 윤치호 전덕기, 길선주, 이기풍, 이승훈, 아펜젤러, 언더우드 스크랜튼, 펜윅	조만식, 김교신, 이용도 김인서	한상동, 주기철, 안이숙	한경직, 박형룡, 김재준 박윤선, 강원룡, 함석헌, N.C.C. N A E.	조용기, 안병무, 김창인 변선환

· 연대기별 시대분류항은 송길섭, 송건호의 분류를 종합한 것임. 송길섭, "민족과 교회"와 송건호, "일제하의 민족과 기독교", 「한국 아카데미총서」, 전 12권(서울 : 문학 예술사), 제6권 : 김경재, 교회와 국가 pp. 81-107.

88. 초기 선교사의 활동

이 름	국 적	선교 출발지역	소 속	활 동
귀츨라프 Gutzlaff	독 일	중 국	영국동인도회사	· 통상을 목적으로 하는 동인도 회사 소속 군함 Lord Amhert호의 통역 겸 의사로 동승. · 서해안 장산곶 부근에서 선교 시도했으나 실패.
윌리암슨 Williamson	영 국	중 국	스코틀랜드 성서 공회	· 중국「지푸」에서 한국선교지원(한국선교의 대부로서 숨은 공로자). · 만주에서 한인상인 전도, 동지사 일행인 이풍익과 만남. · 토마스를 격려하여 한국선교를 시도하게 함. · 로스와 메킨타이어를 격려하여 성경번역을 하게 함. · 다우드 웨이트를 격려하여 조선선교 가능성을 타진하게 함.
토마스 Thomas	영 국	중 국	런던 선교회 윌리암슨의 지원	· 통상을 목적으로 하는 미 중무장상선 제너럴 셔먼호를 탑승하여 선교시도하다가 1866. 9. 2일 27세 나이로 대동강에서 순교. · 그후 신미양요로 범짐.
메킨타이어 McIntyre	영 국	만 주	스코틀랜드 연합 장로교회	· 윌리암슨의 권유로 한국선교와 성경번역 시작. · 1879년 백홍준, 이응찬 등 한국인 4인에게 세례 베풀고, 국내전도를 보냄.
로 스 Ross	영 국	만 주	스코틀랜드 연합 장로교회	· 윌리암슨의 권유로 메킨타이어와 함께 한국선교 및 성경 번역 시작. · 서상륜을 서울 전도인으로 파송(1883)→후에 소래교회의 기초가 됨. · 1884년 최초로 누가복음을 번역. · 1887년 신약 전서 번역 : 일명 로스본, 〈예수성교견서〉
다우드웨이트 Douthwaite	영 국	중 국	중국 내지 선교회	· 스코틀랜드 성서공회원의 자격으로 1883. 겨울-1884. 초 한국방문(최초의 방문자)하여 선교 타진.
가우처 Goucher	미 국	미 국	미북 감리회	· 1883. 7월 미국에서 견미사절단 민영익을 만난 후 한국선교에 눈뜸(숨은 공로자). · 일본에 있는 매클레이 선교사를 자극하여 한국 선교 가능성을 탐지하게 함. · 스크랜튼 부부와 아펜젤러를 선교사로 임명.
매클레이 Maclay	미 국	일 본	미북 감리회	· 미 감리교 한국선교의 공로자. · 1884년 6월 한국 방문하여 선교가능성을 타진(2주간). · 고종의 윤허로 의료와 교육사업에서의 활동 자유를 얻음.
녹 스 Knox	미 국	일 본	미북 장로회	· 이수정에게 세례 베풀고, 성경번역을 도와줌. · 미국 선교부에 한국선교의 필요성을 역설.
알 렌 Allen	미 국	일 본	미북 장로회	· 최초의 정착 선교사. · 1884. 9월 영국공사관의 공의(의사)로 부임. · 1885. 4월 근대식 병원인 광혜원(이후 제중원) 설립.
언더우드 UnderWood	미 국	일 본	미북 장로회	· 1885. 4. 5 아펜젤러 부부와 함께 제물포 항으로 입국하여 본격적 선교시작. · 1886. 5월 언더우드 학당(후에 경신학당) 설립. · 1887년 새문안교회 설립. · 1893년 〈찬양가〉 편집.

초기 선교사의 활동(계속)

이 름	국 적	선교 출발지역	소 속	활 동
아펜젤러 Appenzeller	미 국	일 본	미북 감리회	・1885. 4. 5 언더우드와 함께 제물포항으로 입국하여 본격적인 선교시작. ・1886. 6월 배재학당 설립. ・1887. 10. 정동교회 설립.
헤 론 Heron	미 국	일 본	미북 장로회	・1885. 6월 의료선교사로 입국.
코르프 Corfe	영 국	중 국	영국 성공회	・울프주교(일본 선교사)의 선교요청에 의하여 1889. 11월 입국. ・부산을 거점으로 해서 활동.
데이비스 Davies	호 주	호 주	호주 빅토리아 장로교회	・울프주교의 선교요청에 호응하여 1889. 10월 호주 빅토리아 장로교회의 파송을 받아서 여동생과 함께 입국. ・이듬해(1890. 4월) 부산에서 병사했으나, 그의 죽음은 호주에서 한국선교의 눈을 뜨게 함.
레이놀즈 Reynolds	미 국	미 국	미남 장로회	・1891. 10월 내쉬빌에 있었던 미국신학생 해외선교 연맹 강연회에서 언더우드 윤치호의 강연에 감동하여 한국선교를 결심. ・그때 테이트, 존슨, 전킨과 함께 기도모임을 가짐. ・언더우드 측근의 재정지원으로 레이놀즈 등 7인이 입국.
리 드 Reid	미 국	중 국	미남 감리회	・윤치호의 선교요청으로 1896. 5월 리드 입국.
게 일 Gale	카나다	카나다	개인자격/미북 장로회	・1888. 12월 원래 개인자격으로 입국하여 활동하다가 후에 미북장로회 선교사로 소속함. ・토론토 대학 YMCA의 후원으로 활동.
펜 윅 Fenwick	카나다	카나다	개인자격/ 동아기독교	・1889년 입국하여 독립적으로 활동. ・문서전도인을 양성하여 자립선교 정착 후에 그의 영향권하에 있던 사람들이 모여서 동아기독교(침례교 전신)를 구성. ・개인 및 성경을 번역하고 300곡이나 되는 찬송가를 지은 복음찬미를 출판함.
매켄지 McKenzie			메리타임즈 지역 장로교 학교 선교협회	・1893. 12월 입국하여 황해도 소래에서 봉사하다가 1895. 6월 임종. ・그후 그의 죽음이 카나다의 선교열풍을 가져와 카나다의 본격적인 한국 선교가 시작됨(그리어슨, 맥크래이, 푸트 등 3인 내한).
호가드 Hoggard	영 국	영 국	영국 구세군	・구세군 창설자 부드(Booth)의 동방순방 중 일본에서 한국 선교요청을 받음. ・그후 1908. 10월 호가드가 입국.
김상준, 정빈	한 국	일 본	동양선교회 (성결교)	・일본 동경성서학원을 졸업한 두 사람이 1907. 5월에 서울 종로에서 '동방선교회 복음전도관'으로 시작.
니콜라이부제 (1898) 세헷호프스키 (1900년)		러시아	러시아 정교	・1897년 니콜라이 2세 (황제)의 선교명령으로 시작. ・1904년 러일전쟁에서 러시아 패배로 선교가 지지 부진함.

89. 주요 선교 단체들의 선교 구역 분계도

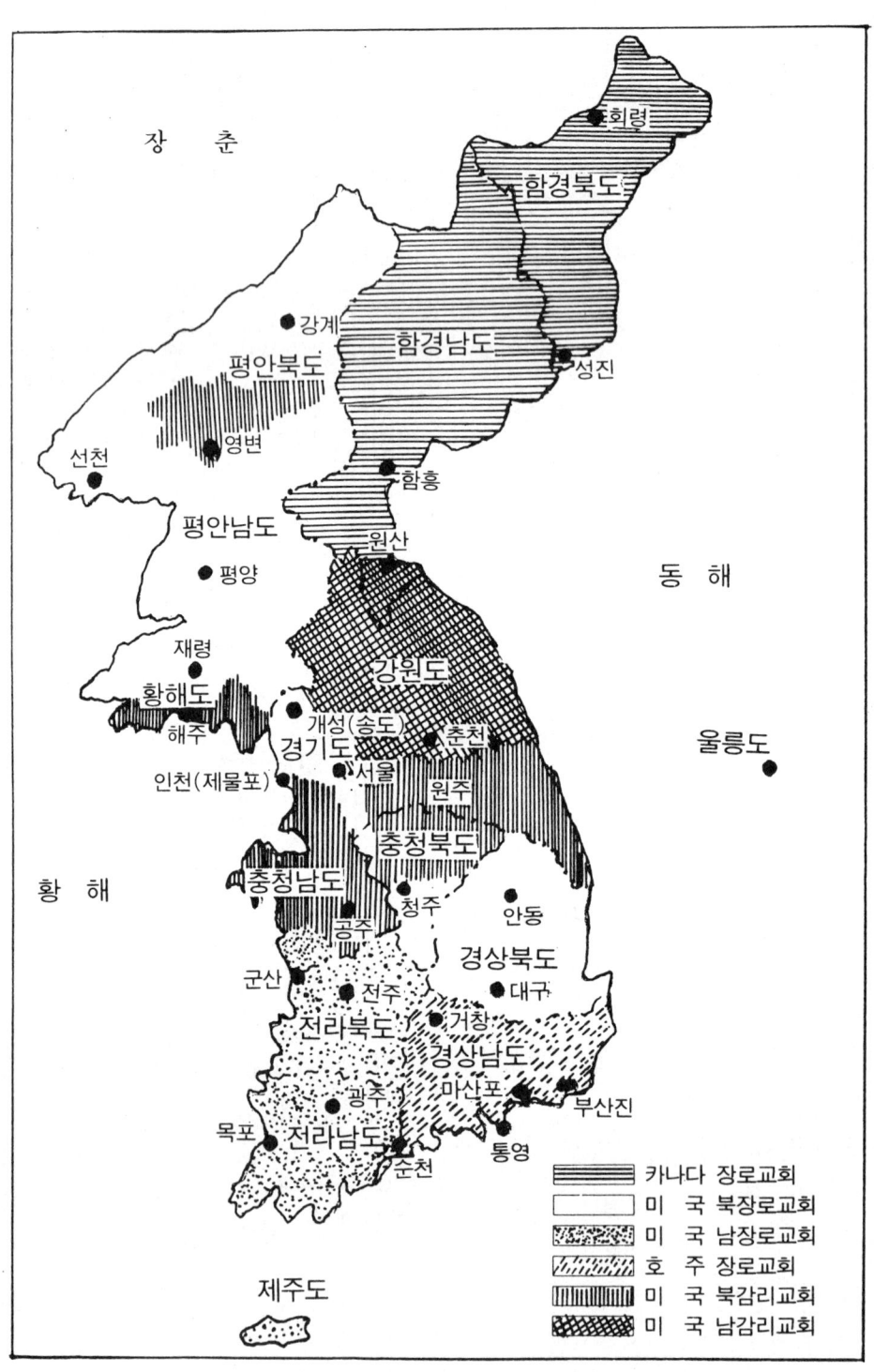

90. 초기 한국장로·감리교회의 형성

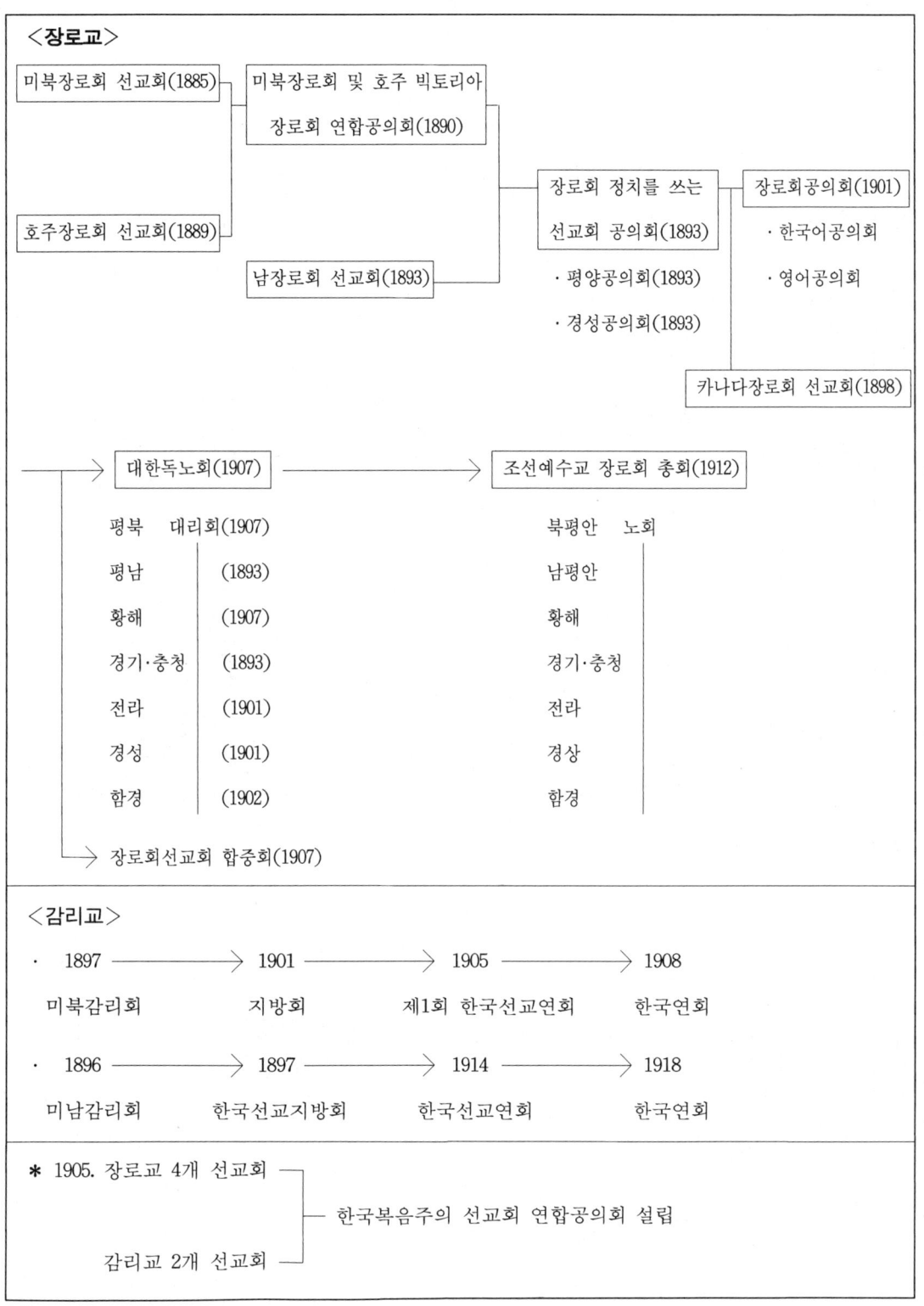

91. 1907년 평양대부흥운동

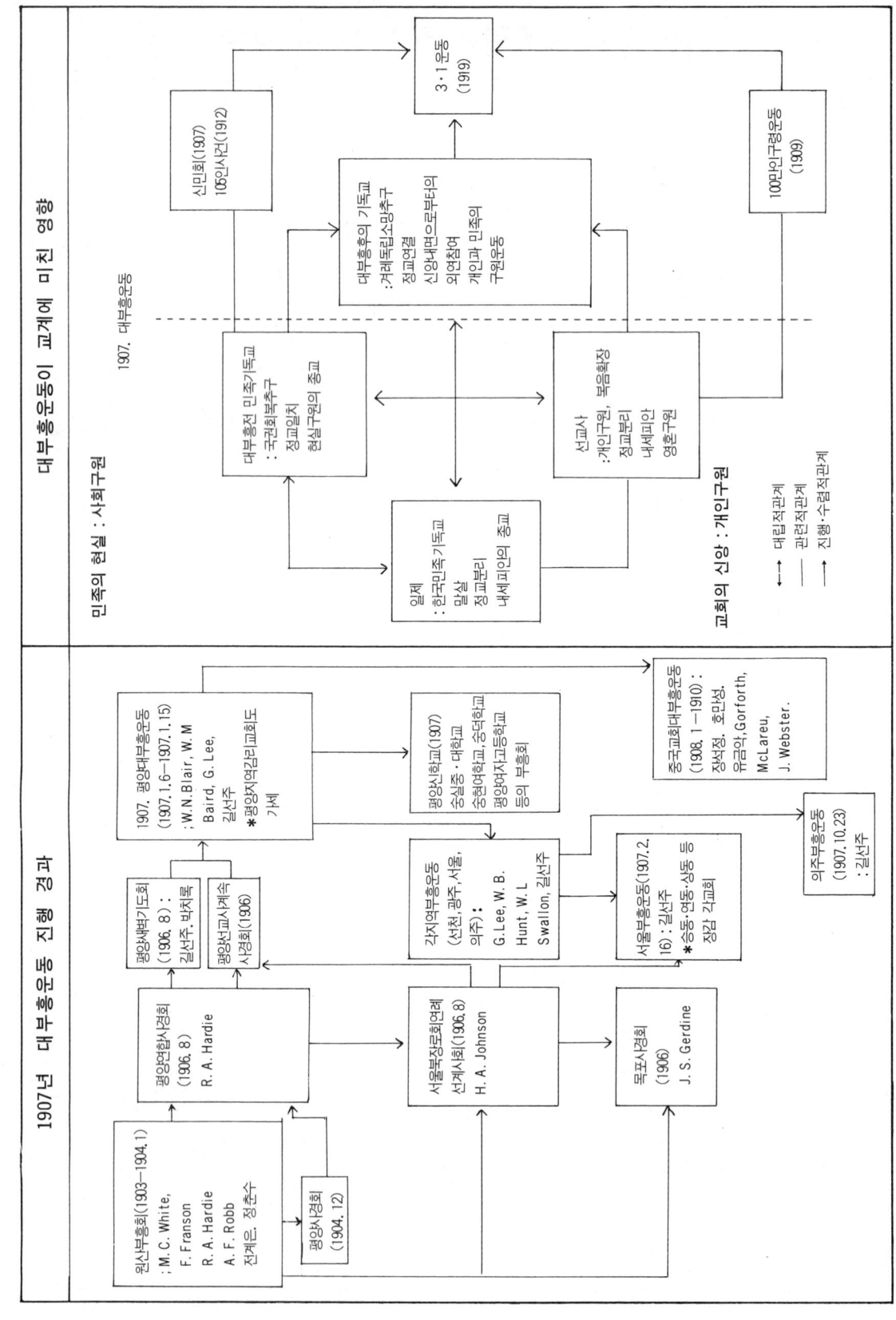

92. 한국교회와 민족주의운동과의 연계

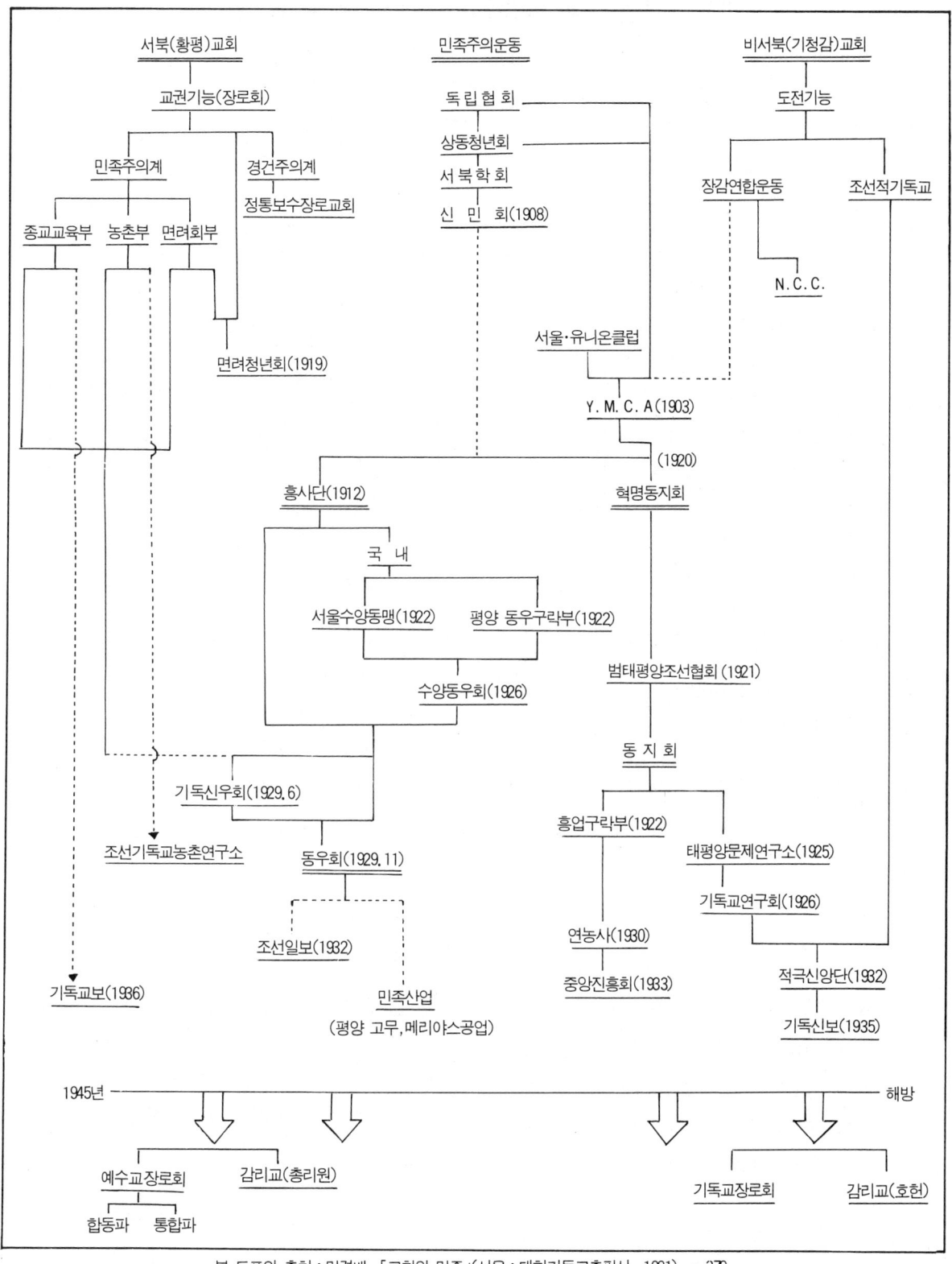

93. 3·1운동과 105인 사건의 기독교인

3·1운동		105인 사건			
이름	인적사항	종교교파		이름	계
길선주	장로교 목사 (평양 장대현교회) 51세	개신교	장로교	강규찬 강봉익 곽태중 길진형 김동원 김두화 김봉수 김용엽 김응봉 김익겸 김인도 김찬오 김창건 김창환 김태헌 김현식 나동규 나승규 노정관 노효욱 박찬형 백몽규 백몽양 백용석 백일진 변찬서 선우혁 선우훈 손정욱 송자현 신상호 신효범 안광호 안세환 안 준 안해국 양기택 양전백 양준명 양준회 오대영 오택의 옥관빈 옥성빈 유학렴 윤성운 윤원삼 이덕환 이동화 이명료 이봉조 이순구 이승훈 이용혁 이재희 이정린 이정순 이창식 이창석 이춘성 이태건 임경엽 임도명 장관선 정덕연 정익로 조덕찬 조상항 조영제 주현칙 지상주 차균설 차리석 차영준 차희선 최덕윤 초성주 최주식 편강렬 홍규호 홍성린 홍성익	82 92
이필주	북감리교 목사 (서울 정동교회) 51세				
이병조	장로교 목사 43세				
김창준	북감리교 전도사 (중앙예배당) 31세, 해방 후 월북				
양전백	장로교 목사 (선천 천북교회) 50세				
유여대	장로교 목사 (의주 동교회) 40세				
이갑성	세브란스 병원 사무원 (학생) 34세				
이명룡	장로교 장로 (덕흥교회) 47세				
이승훈	장로교 장로 (정주 오산학교 설립자) 55세				
박희도	YMCA 청년부 간사 (중앙 예배당 전도사) 31세		감리교	김응작 서기풍 안경록 윤치호 임천정 정주현	6
박동완	기독신보사 서기, 34세				
신홍식	감리교 목사 (평양 남산현교회) 48세		조합교	나일봉 장은진	2
			기 타	김시첨 이근택	2
신석구	남감리교 목사 45세	천주교		이기당 안성제	2
오화영	남감리교 목사 (서울 종교교회) 40세	천도교		김일준 백남준	2
정춘수	남감리교 목사(원산) 44세	무 교		김용오 나의섬 오학수 오희원 유동석 이규염 이병제 이재운 임병행 정원범 최성민 최창원	12
최성모	북감리교 목사 (해주 남본정교회) 46세				
기독교인	33인 중 16인	계			108

94. 1930년대 특징적 신앙인물

이 름	성 향	활 동
이용도	신비주의 (30년대 초반)	· 1901. 4. 6일 황해도 김천 시변리 출생. · 1925. 겨울 협성신학 재학중 각혈을 하고 강동으로 요양하러 감. 1928. 목사 안수. · 자신의 병(고난)과 예수의 수난, 그리고 경제수탈 당하는 이 민족의 고난이 일치하여 고난의 신학을 강조. · 제도화된 기성교회 공박. 그의 선교는 무언(是無言) 방식을 사용. · 신비주의적 성향으로서 계시된 말씀보다 체험을 강조. · 원산의 접신파 한준명을 옹호한 것이 화근이 되어 이단으로 정죄받음. 후에 한준명 등이 이용도를 이용해서「예수교회」를 설립. · 1933. 10월 33세의 나이로 요절. · 공산주의자들도 그의 설교로 회심하고, 헌신적인 사랑을 함. · 자신의 서대문집에 장애자 신학생 20여명을 데리고 공부시킴. · 지지기반은 하층민에 둠.
김교신	무교회주의 (30년대 중반)	· 그의 사상은 교회를 없애자는 것이 아니라, 교회지상주의를 배격하고 참된 조선인다운 교회를 세우자는 것임. · 신앙의 직업화에 반대하고, 반선교사적 태도를 취함. · 동경 고등사범학교, 유학시절 영문과에서 박물과로 전과하여 귀국 후 양정고보에서 지리를 가르침. · 우찌무라 간죠 밑에서 함석헌과 같이 무교회주의를 배우고, 최태용과 함께 무교회주의 운동을 시작. · 1927년〈성서조선〉을 창간하고,「무교회주의 성서연구회」를 설립. · 선비적 태도로서 엄격한 생활강조. (성수주일, 생활의 엄격성, 삶의 진지함) 지지기반을 식자층, 중산층임. · 1938년 창씨개명 반대, 신사참배 반대로 강한 부활신앙을 가짐.

김인서	교회일치론
	(30년대 후반)
		· 1894. 4. 자작농의 아들로 태어나 상해임시정부 함북연통제 책임비서로 있다가 1920. 1월 투옥, 출감 후 1926. 평양신학 입학 그후 1932년〈신앙생활〉의 편집인이 됨.
		· 당시의 교회분열에 대한 안타까움과 법만 강조하고 사랑이 부재한 데에 대한 안타까움으로 교회일치론을 강조.
		  - 서북지역 대 비서북지역
		  - 메이천 계열(박형룡, 박윤선) 대 프린스톤파(한경직, 송창근)
		  - 경중노회 대 경성노회
		· 1934년 이용도가 원산접신파와 연계했다는 이유로 이용도를 정죄.

95. 30년대의 신비주의와 이단과의 연계

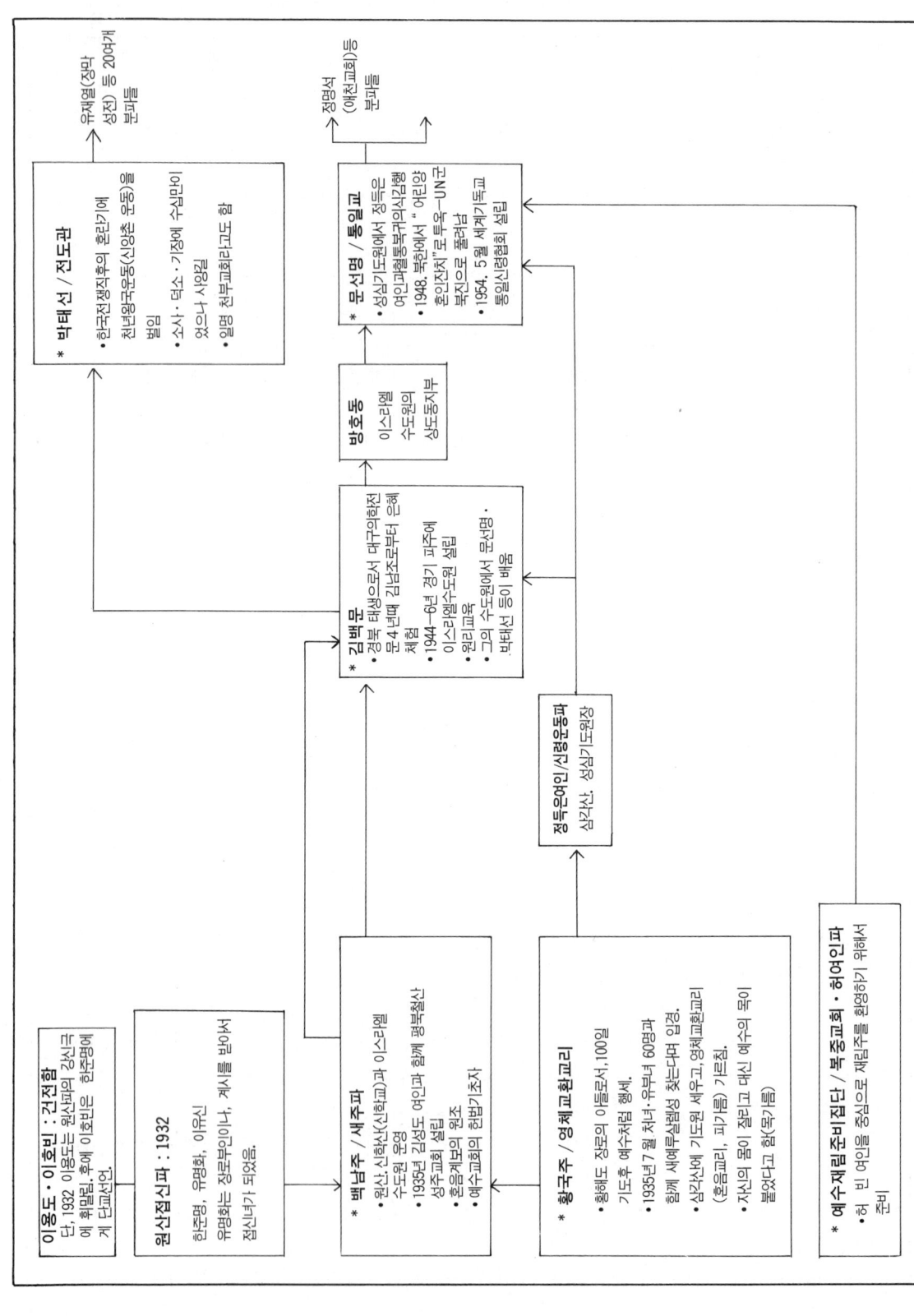

96. 한국 기독교회사 최초의 기록

	이 름	연 도
한국주재 최초의 선교사	알렌(미북장 의료 선교사)	1884. 9
최초의 교회	소래교회(황해도, 서경조 등)	1884. 12
최초의 근대식 병원	광혜원(이후 제중원, 알렌설립)	1885. 4
최초의 근대식 교육기관	배재학당(아펜젤러 설립)	1885. 8
최초의 근대적 여성교육기관	이화학당(스크랜튼 부인 설립)	1886. 5
최초의 한국내 개신교 세례교인	노조사(언더우드가 세례베품)	1886. 7
최초의 한국내 개신교 유아세례파	서병호(서경조의 아들)	1887. 9
최초의 수요예배	승동교회에서 시작	1893. 10
최초의 여전도회	평양 장대현 교회	1898. 2
최초의 장로	김종섭(평양), 서경조(소래)	1900. 12
최초의 목사	김창식, 김기범(미감리회)	1901. 1
최초의 새벽기도회	길선주(평양 장대현교회)	1906. 10
최초의 장로교노회	대한노회(예장독노회)	1907. 9
최초의 한국인 선교사	이기풍목사(제주도 선교파송)	1907. 10
최초의 한국 성가대	평양 장대현 교회	1910. 10
최초의 여자 목사	전밀라, 명화용	1955.

97. 한국 기독교의 성경 발행

성 경	번 역 자(편 집·제 작 자)	
	외 국 인	한 국 인
로스역성경《예수성교젼서》 (1882-1887)	로스, 메킨타이어	이응찬, 백홍준, 김진기, 이성하, 이일세, 최성균, 서상륜
이수정 역서 (1884-1885)	G. W. 낙스, 安川號	이수정, 손봉구
성경번역위원회 판 (1887-1910)	언더우드, 아펜젤러, 스크랜튼, 헤론, 그리어슨, 크람, 피터스, 레이놀즈, 존스, 트롤로프, 홀, 모펫	조성규, 송덕조, 이창직, 이원모, 문경호, 정동명, 최병헌, 이승두, 김정삼, 김명준, 이명태, 홍준, 송순용.
개역성경 (1911-1938)	언더우드, 게일, 레이놀즈, 캐플, 엥겔, 어드만, 하디, 베어드, 클락, 피터스, 스토크스, 윈, 커닝햄, C. 로스, 블레어, 크래인	이원모, 남궁혁, 김인준, 김관식, 최경식, 김형재.
개인역성경	시편촬요(1898)	피터스(최초의 구약 번역)	
	펜웍역(1891-1919)	펜 웍	서경조
	게일역(신구약전서)(1925)	게 일	이원모, 이창직, 이교승
국한문성경	신약(1906, 1931)		유성준, 홍순탁
	창세기(1925)	E. M. 케이블	최병헌
	구약(1926, 1937)		정태용, 조용규, 최경식
관주성경	부표관쥬신약(1910)	카우만	이장하
	신약(1912)		이익채
	구약(1926)		정태용, 조용규
공동번역(신약, 1971)		대한성서공회
공동번역(구약, 1977)		대한성서공회
새번역(신약, 1973)		대한성서공회
표준신약전서(신약, 1983)		한국표준 성서협회
주석성경	톰슨성경(1985)		톰슨성경 편찬위원회
	오픈성경(1986)		오픈성경 편찬위원회
현대인의 성경(1985)	Living Bible을 번역	생명의 말씀사

98. 한국기독교의 찬송가 발행

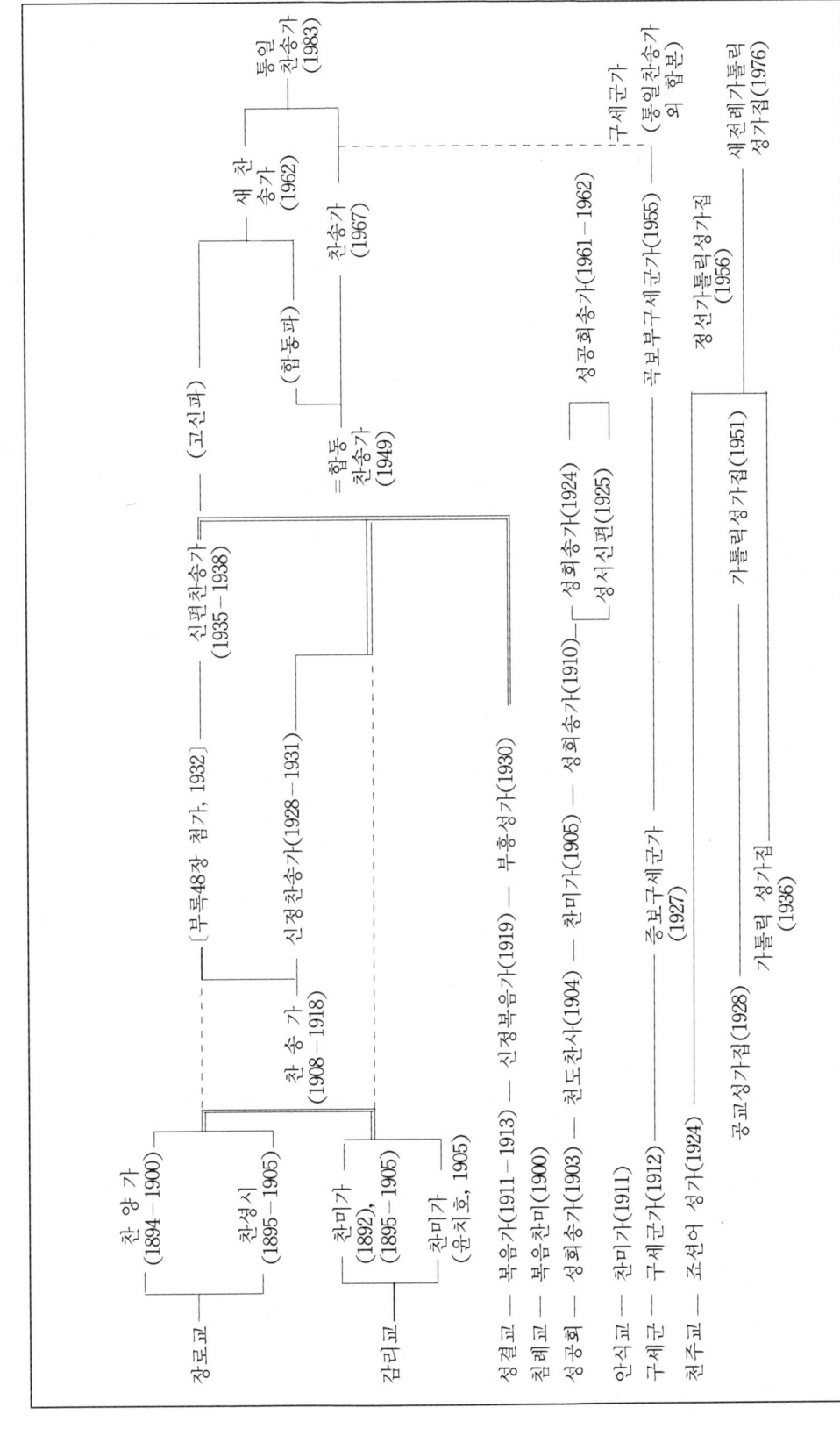

* 본 도표의 출처 ; 민경배, 「교회와 민족」(서울 대한 기독교 출판사, 1981), p. 212를 기초하여 보완한 것임.

99. 한국 개신교 초기 선교잡지

종류	발행교단	종류 및 계보
한글신문	장로교 감리교 구세군 천주교	<주간지> · 그리스도 신문 ─┐ 　1897. 언더우드　│ 　　　　　　　　　├→ 그리스도 신문 ──→ 예수교 신보 　　　　　　　　　│　1905. 장감연합　　1907-10. 합방 때 · 죠션크리스도인 회보 ─┘ 　1897. 아펜젤러 　　　　　　　　　　　　　　　　　　· 구세신문 → 　　　　　　　　　　　　　　　　　　　1909 　　　　　　· 경향신문 → 　　　　　　　1906년
영문잡지	장로교 감리교	· The Korea Field ─────┐ 　1901. 빈튼　　　　　　　│ 1905 　　　　　　　　　　　　└→ The Korea Mission Field 　　　　　　　　　　　　　　1905-41. 선교사출국 때까지. · The Korea Repositary → The Korea Review → The Korea Methodist 　1892-8. 울링거　　　1901. 헐버트　　　1904. 남북감리교 · The Transaction of The Korea 　Branch of the Royal Asiatic 　Society, 大韓 　1900. 전문잡지
한글잡지	미국 감리교 미국 장로교 플리머스 형제단 감리교 감리교 영국 성공회	· 신학월보(1900. 존스) · 예수교서회보 (1904. 빈튼) · 은혜진리 (1904. 노리마츠, 전도용) · 엡윗청년회보 (1904. 정도감리교회) · 가뎡잡지 (1906, 상동청년학원, 전덕기등 순수민간) · 종교성교회월보(1908. 성공회)

100. 한국기독교 청년·학생운동계보

※ 도표의 출처: 한영제 편, 「한국기독교성장 100년」(서울: 기독교문사, 1986), p. 222.

101. 한국장로교분파계보도

102. 한국 주요교단 및 신학교의 계보

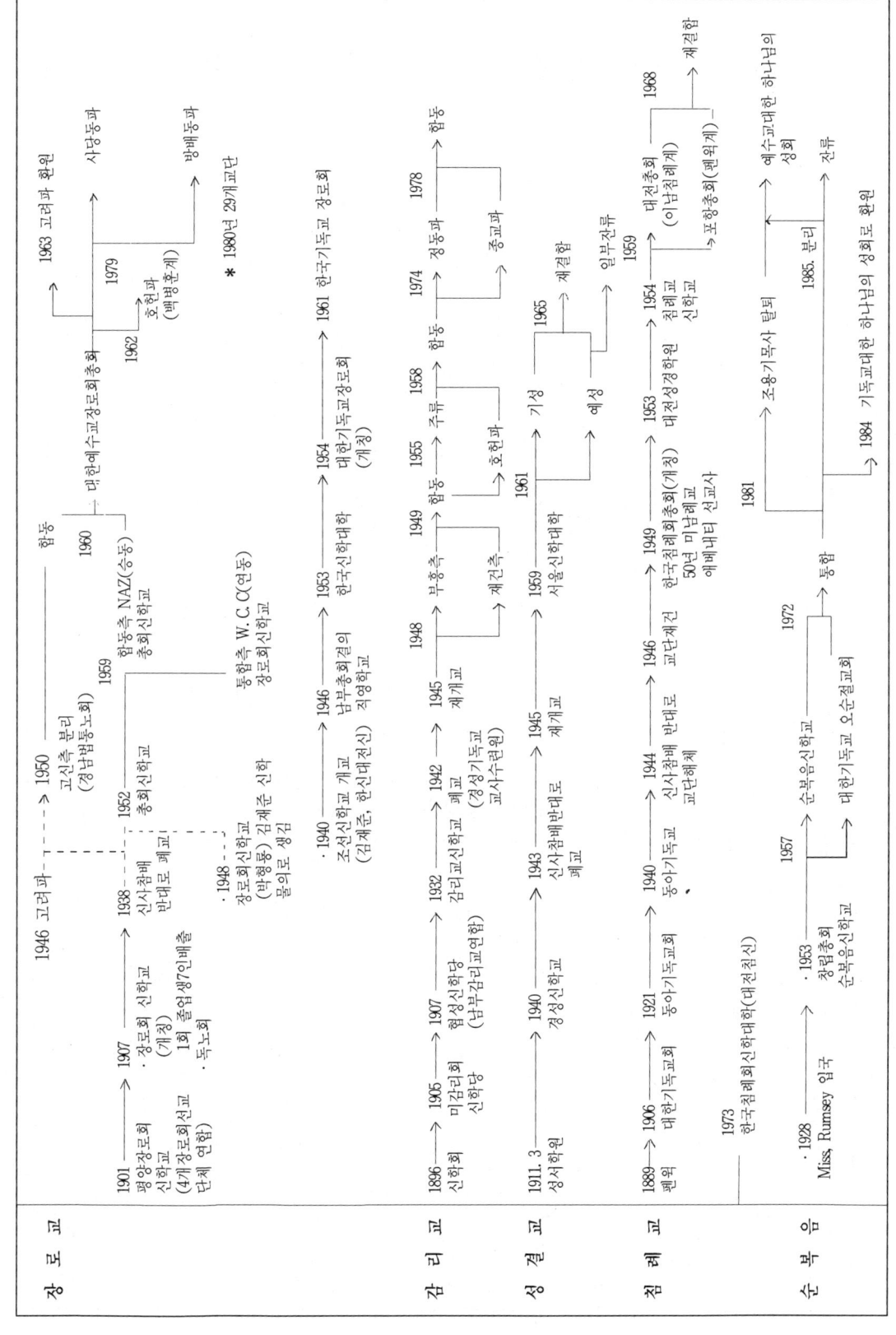

103. 한국 종교인구 분포 및 종교별 교세현황

한국 종교인구 분포

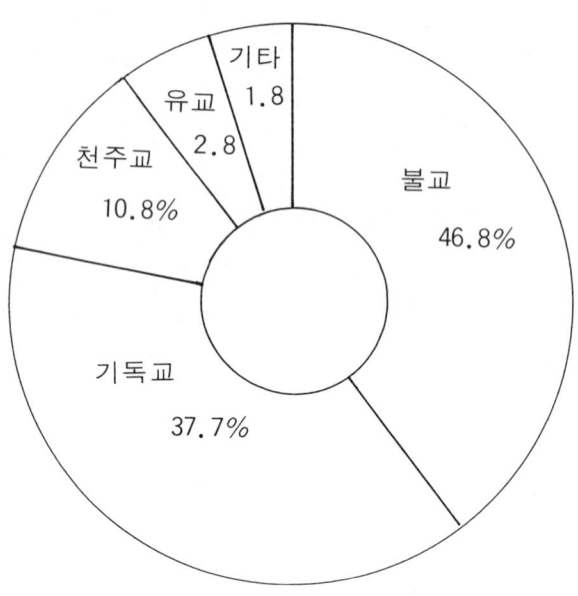

한국 종교별 교세 현황   (1987년 현재)

구분 종교별	교 단	교 당	교 직 자	신 도 수
개 신 교	74	30,321	48,334	10,337,075
천 주 교	1	2,367	6,606	2,312,328
불 교	18	8,101	22,109	14,813,675
유 교	1	231	17,477	10,184,976
천 도 교	1	290	4,902	1,079,901
원 불 교	1	384	9,069	1,098,537
대 종 교	1	80	255	507,533
기 타	10	1,389	13,280	3,127,251
계	107	43,163	122,032	43,420,774

104. 한국종교인구현황

지역＼종파	불교	개신교	천주교	유교	원불교	천도교	기타	종교인구	전체인구계
서 울	1,714,647	1,938,595	559,755	95,505	23,873	17,360	40,718	4,390,453	9,204,344
	(39.05)	(44.15)	(12.75)	(2.18)	(0.54)	(0.39)	(0.93)		
부 산	995,828	265,647	98,932	23,086	5,285	2,989	13,789	1,405,556	3,395,171
	(70.85)	(18.9)	(7.04)	(1.64)	(0.37)	(0.21)	(0.98)		
대 구	477,416	204,339	102,601	14,884	2,806	1,894	12,005	815,945	1,958,812
	(58.51)	(25.04)	(12.57)	(1.82)	(0.34)	(0.23)	(1.47)		
인 천	155,827	235,055	82,995	13,258	2,303	1,764	3,644	494,846	1,220,311
	(31.49)	(47.5)	(16.77)	(2.68)	(0.46)	(0.36)	(0.74)		
경 기	754,388	704,458	229,487	214,493	7,840	6,656	43,986	1,961,308	4,358,199
	(38.46)	(35.92)	(11.70)	(10.94)	(0.40)	(0.34)	(2.24)		
강 원	328,224	188,101	57,088	35,287	1,663	1,971	9,813	622,147	1,824,324
	(52.76)	(30.23)	(9.17)	(5.39)	(0.27)	(0.32)	(1.58)		
충 북	194,921	108,782	41,131	6,861	776	471	2,160	355,102	1,424,915
	(54.89)	(30.63)	(11.58)	(1.93)	(0.22)	(0.13)	(0.61)		
충 남	513,675	411,861	102,095	57,243	4,895	3,972	17,028	1,110,769	3,038,329
	(46.24)	(37.08)	(9.19)	(5.15)	(0.44)	(0.36)	(1.53)		
전 북	193,421	370,121	67,154	38,213	27,462	2,723	9,931	709.025	2,302,589
	(27.28)	(52.2)	(9.47)	(5.39)	(3.87)	(0.38)	(1.4)		
전 남	301,388	419,480	87,863	133,119	11,280	3,705	26,260	983,095	3,817,763
	(30.66)	(42.67)	(8.94)	(13.54)	(1.15)	(0.38)	(2.67)		
경 북	752,918	254,549	69,588	101,444	2,561	2,038	17,376	1,200,474	3,128,876
	(62.72)	(21.2)	(5.8)	(8.45)	(0.21)	(0.17)	(1.45)		
경 남	986,260	209,712	75,383	48,230	5,005	6,518	17,302	1,348,410	3,518,401
	(73.14)	(15.55)	(5.59)	(3.58)	(0.37)	(0.48)	(1.28)		
제 주	138,146	26,608	16,553	5,332	584	465	2,797	190,485	477,861
	(72.52)	(13.97)	(8.69)	(2.8)	(0.31)	(0.24)	(1.47)		
총 계	7,507,059	5,337,308	1,590,625	786,955	96,333	52,526	216,809	15,587,615	40,107,535
	(48.16)	(34.24)	(10.2)	(5.05)	(0.62)	(0.34)	(1.39)		

＊「한국종교편람」문화공보부. 1985.

105. 한국개신교회의 교파별 교세현황

교파	교 단	교단장	교 단 창설연도	교회수	교 직 자 수 남	여	계	교인수
장로교	대한예수교장로회(개혁 1)	변남주	1981	1,167			1,979	449,830
장로교	대한예수교장로회(개혁 2)	박영식	1981	331	527	56	583	44,402
장로교	대한예수교장로회(개혁정통)	김형만	1979	174	120	54	174	18,400
장로교	대한예수교장로회(계신)	이병규	1960	90	103	28	131	15,562
장로교	대한예수교장로회(고려)	석원태	1974	124	214	33	247	30,307
장로교	대한예수교장로회(고신)	김인규	1907	1,101	1,909	141	2,050	173,863
장로교	대한예수교장로회(근본 1)		1978	57	78	24	102	19,742
장로교	대한예수교장로회(근본 2)	김원용	1978	105	90	61	151	35,284
장로교	대한예수교장로회(대신)	양용주	1960	610	680	421	1,101	113,798
장로교	대한예수교장로회(독노회 1)	김진학	1967	25	30	4	34	8,945
장로교	대한예수교장로회(독노회 2)	이종택	1967	87	91	61	152	13,077
장로교	대한예수교장로회(로고스공의회)	안길옹	1971	22	26	5	31	3,340
장로교	대한예수교장로회(법통)	전정수	1962	200	329	97	426	25,400
장로교	대한예수교장로회(보수)	차웅현	1967	68			109	10,623
장로교	대한예수교장로회(보수재건)	정연송	1985	29	26	7	33	2,471
장로교	대한예수교장로회(보수측)	심현섭	1963	109	128	78	206	12,779
장로교	대한예수교장로회(보수합동)	최준호	1983	408	424	38	462	101,107
장로교	대한예수교장로회(연신)	김태용	1960	66	80	31	111	4,867
장로교	대한예수교장로회(성합측)	정봉국	1960	148	119	54	402	20,650
장로교	대한예수교장로회(순장)	전재영	1969	20	39	13	52	11,400
장로교	대한예수교장로회(연합측)	김남영	1971	33				
장로교	대한예수교장로회(장신)	전요한	1967	119	175	5	180	16,907
장로교	대한예수교장로회(재건)	최일구	1948		101	4	105	20,514
장로교	대한예수교장로회(정립)	김성식	1984	320	276	53	329	56,910
장로교	대한예수교장로회(정통)	양정섭	1966	40	27	11	38	12,300
장로교	대한예수교장로회(종합)	최태민	1968	259	314	76	390	20,311
장로교	대한예수교장로회(중립)	장승찬	1981	177				
장로교	대한예수교장로회(중앙)	백기환	1970	92	52	52	104	26,675
장로교	대한예수교장로회(통합)	박맹술	1907	4,479	6,575	926	7,501	1,632,934
장로교	대한예수교장로회(합동)	이성택	1907	4,561			4,280	1,930,696
장로교	대한예수교장로회(합동개혁)	김경희	1979	259	370	144	514	36,479
장로교	대한예수교장로회(합동보수 1)	최선재	1979	1,435	1,934	346	2,280	699,069
장로교	대한예수교장로회(합동보수 2)	백동섭	1979	945	1,466	134	1,600	199,701
장로교	대한예수교장로회(합동장신)	김대석	1955	115	149	76	225	30,048
장로교	대한예수교장로회(합동정통)		1976	713	930	174	1,104	195,837
장로교	대한예수교장로회(합동총신)	김광수	1976	99	128	15	143	11,765
장로교	대한예수교장로회(합동총회)	강재원	1962	250	230	85	315	44,500
장로교	대한예수교장로회(합동환원)	윤성덕	1963	24	28	2	30	10,660

한국 개신교회의 교파별 교세현황(계속)

교파	교단	교단장	교단 창설연도	교회수	교직자수 남	여	계	교인수
장로교	대한예수교장로회(호헌 1)	박병훈	1963	178	222	67	289	13,610
장로교	대한예수교장로회(호헌 2)	신응균	1963	358	414	102	516	53,778
장로교	대한예수교장로회(호헌 3)	안봉웅	1988	130	152	8	160	33,590
장로교	대한장로회예수교총회	우찬무	1988					
장로교	시온산예수교장로독노회(정통)	박동기	1985					
장로교	예수교장로회한국총공회	이재순	1966	128			191	135,620
장로교	한국기독교장로회	윤기석	1907	1,066	1,904	309	2,213	295,333
감리교	기독교대한감리회	최종철	1930	3,299			4,298	1,029,137
감리교	예수교대한감리회	박우성	1962	191	330	92	422	93,288
감리교	예수교대한감리회(I.C.C.C 탈퇴)	한동훈	1962	79	52	39	91	19,209
감리교	예수교대한감리회(전통)	이홍신	1962	306	508	246	754	61,663
성결교	기독교대한성결교회	황대식	1921	1,485	1,991	464	2,455	561,052
성결교	예수교대한성결교회	오희동	1962	546			740	203,344
침례교	기독교한국침례회	김충기	1921	1,400	1,703	173	1,876	491,771
침례교	대한기독교침례회	이태준	1945	35	37	4	41	17,250
침례교	대한선교침례회연합회	최인원	1974	27	29		29	3,168
침례교	성서침례교회	김우생	1956	141	262		262	45,614
오순절교	기독교대한하나님의성회	박정근	1953	432	496	92	588	181,614
오순절교	기독교한국성서하나님의교회	김두환	1968	57	87	27	114	56,435
오순절교	기독교한국하나님의교회	한영철	1964	83	98	14	112	21,459
오순절교	대한기독교하나님의교회	유홍묵	1936	38	28	10	38	3,700
오순절교	대한예수교오순절성결회	나운몽	1979	211	200	92	292	70,000
오순절교	대한예수교오순절성결회(국제측)	신태웅	1983	32	22	10	32	1,100
오순절교	예수교대한하나님의성회(순복음)	신창균	1985	355			1,022	800,000
오순절교	한국연합오순절교회	윌리엄 디터너	1966	31	33		33	4,858
구세군	구세군대한본영	김석태	1908	211	212	228	440	100,239
그리스도의교회	그리스도의교회(무악기)	박형섭						
그리스도의교회	그리스도의교회(유악기)	최홍철						
그리스도의교회	그리스도의교회협의회							
복음교회	기독교대한복음교회	조용술	1935	27	32	1	33	
루터교	기독교한국루터교	지원상	1959	22	30		30	6,647
나사렛교	대한기독교나사렛성결회	이호정	1954	186	201	15	216	45,810
성공회	대한성공회	김성수	1915	80	78		78	52,000
예수교회	예수교회공의회	김희방	1933	14	24	8	32	1,115
중화기독교	중화기독교	유전명	1965	7	8	1	9	403
합계				26,016			45,080	10,463,960

참고문헌

Abbott, Walter M., ed. *The Documents of Vatican II.* New York: Guild, 1966.

Ahlstrom, Sydney E. *A Religious History of the American People.* Garden City, N.Y.: Doubleday, Image, 1975.

Alexander, Archibald. *The Log College.* London: Banner of Truth, 1968.

Alexander, David, and Patricia Alexander, eds. *Eerdmans' Handbook to the Bible.* Grand Rapids: Eerdmans, 1973.

Aquinas, Thomas. *Summa Theologica.* New York: Benziger Brothers, 1947.

Arnold, Eberhard. *The Early Christians After the Death of the Apostles.* Rifton, N.Y.: Plough, 1970.

Ayer, Joseph Cullen. *A Source Book for Ancient Church History.* New York: Scribner, 1913.

Bainton, Roland H. *Here I Stand.* New York: New American Library, 1950.

_____. *The Reformation of the Sixteenth Century.* Boston: Beacon, 1952.

Berkhof, Louis. *The History of Christian Doctrines.* Grand Rapids: Baker, 1976.

Berry, W. Grinton, ed. *Foxe's Book of Martyrs.* Grand Rapids: Baker, 1978.

Boer, Harry R. *A Short History of the Early Church.* Grand Rapids: Eerdmans, 1976.

Brauer, Jerald C. *Protestantism in America.* Philadelphia: Westminster, 1953.

Brauer, Jerald C., ed. *The Westminster Dictionary of Church History.* Philadelphia: Westminster, 1971.

Bromiley, Geoffrey W. *Historical Theology—An Introduction.* Grand Rapids: Eerdmans, 1978.

Bruce, F. F. *The Spreading Flame.* Grand Rapids: Eerdmans, 1979.

Cairns, Earle E. *Christianity Through the Centuries.* Grand Rapids: Zondervan, 1981.

Cantor, Norman F., ed. *The Medieval World: 300–1300.* New York: Macmillan, 1963.

Chadwick, Henry. *The Early Church.* Harmondsworth, Middlesex, England: Penguin, 1967.

Chadwick, Owen. *The Reformation.* Harmondsworth, Middlesex, England: Penguin, 1964.

Corbett, James A. *The Papacy—A Brief History.* Princeton: Van Nostrand, 1956.

Coulson, John, ed. *The Saints.* New York: Guild, 1958.

Cragg, Gerald R. *The Church and the Age of Reason 1648–1789.* Harmondsworth, Middlesex, England: Penguin, 1970.

Dallimore, Arnold A. *George Whitefield.* Westchester, Ill.: Simon & Schuster, Cornerstone, 1979.

D'Aubigne, J. H. Merle. *The Life and Times of Martin Luther.* Chicago: Moody, 1978.

Dickens, A. G. *The Counter Reformation.* New York: Harcourt, Brace, and World, 1969.

_____. *Reformation and Society in Sixteenth-Century Europe.* New York: Harcourt, Brace, and World, 1966.

Dolan, John P. *History of the Reformation.* New York: New American Library, 1965.

Douglas, J. D., ed. *The New International Dictionary of the Christian Church.* Grand Rapids: Zondervan, 1974.

Dowley, Tim, ed. *Eerdmans' Handbook to the History of Christianity.* Grand Rapids: Eerdmans, 1977.

Durant, Will. *The Age of Faith.* New York: Simon and Schuster, 1950.

_____. *Caesar and Christ.* New York: Simon and Schuster, 1944.

_____. *The Reformation.* New York: Simon and Schuster, 1957.

_____. *The Renaissance.* New York: Simon and Schuster, 1953.

Elton, G. R., ed. *Renaissance and Reformation: 1300–1648.* New York: Macmillan, 1963.

Estep, William R. *The Anabaptist Story.* Grand Rapids: Eerdmans, 1975.

The Family Tree—A Chart of Protestant Denominations in the United States. Philadelphia: Eternity Magazine, 1983.

Farrar, Frederic W. *Lives of the Fathers.* New York: Macmillan, 1889.

Fremantle, Anne, ed. *A Treasury of Early Christianity.* New York: New American Library, 1953.

Gaines, David P. *The World Council of Churches.* Peterborough, N.H.: Richard R. Smith, 1966.

Gaustad, Edwin Scott. *A Religious History of America.* New York: Harper & Row, 1974.

Glover, Robert H. *The Progress of World-Wide Missions.* New York: Harper & Row, 1960.

Groves, C. P. *The Planting of Christianity in Africa.* London: Lutterworth, 1955.

Hawes, Stephen. *Synchronology of the Principal Events in Sacred and Profane History From the Creation of Man to the Present Time.* Boston: Hawes. 1870.

Hay, Denys. *The Medieval Centuries.* New York: Harper & Row, 1964.

Hildebrand, Hans J., ed. *The Reformation.* Grand Rapids: Baker, 1978.

Houghton, S. M., ed. *Five Pioneer Missionaries.* London: Banner of Truth, 1965.

_____. *Sketches From Church History.* Edinburgh: Banner of Truth, 1980.

Hughes, Philip. *A Popular History of the Reformation.* Garden City, N.Y.: Doubleday, 1957.

Kelly, J. N. D. *Early Christian Doctrines.* San Francisco: Harper & Row, 1978.

Latourette, Kenneth Scott. *A History of Christianity.* New York: Harper & Row, 1953.

_____. *A History of the Expansion of Christianity.* Grand Rapids: Zondervan, 1970.

Lebreton, Jules, and Jacques Zeiller. *The Triumph of Christianity.* New York: Collier, 1946.

McBirnie, William Steuart. *The Search for the Twelve Apostles.* Wheaton: Tyndale, 1973.

McConnell, S. D. *History of the American Episcopal Church.* New York: Thomas Whittaker, 1890.

Mead, Frank S. *Handbook of Denominations in the United States.* Nashville: Abingdon, 1975.

Miller, Perry, ed. *The American Puritans*. Garden City, N.Y.: Doubleday, 1956.

Moyer, Elgin S. *The Wycliffe Biographical Dictionary of the Church*. Chicago: Moody, 1982.

Neill, Stephen. *A History of Christian Missions*. Harmondsworth, Middlesex, England: Penguin, 1964.

Neve, J. L. *Churches and Sects of Christendom*. Burlington, Iowa: Lutheran Literary Board, 1940.

Newman, A. *A Manual of Church History*. Philadelphia: The American Baptist Publication Society; 1931.

Newton, Eric, and William Neil. *2000 Years of Christian Art*. New York: Harper & Row, 1966.

Nichols, James Hastings. *History of Christianity 1650–1950*. New York: Ronald, 1956.

Noll, Mark A. *Christians in the American Revolution*. Washington, D.C.: Christian University Press, 1977.

Noll, Mark A., et al., eds. *Eerdmans' Handbook to Christianity in America*. Grand Rapids: Eerdmans, 1983.

Parker, Percy Livingstone, ed. *The Journal of John Wesley*. Chicago: Moody, n.d.

Renwick, A. M. *The Story of the Church*. Leicester, England: InterVarsity, 1958.

Ryle, J. C. *Christian Leaders of the 18th Century*. Edinburgh: Banner of Truth, 1978.

Schaff, Philip. *History of the Christian Church*. Grand Rapids: Eerdmans, 1910.

Smith, M. A. *From Christ to Constantine*. Downers Grove, Ill.: InterVarsity, 1971.

———. *The Church Under Siege*. Downers Grove, Ill.: InterVarsity, 1976.

Southern, R. W. *Western Society and the Church in the Middle Ages*. Harmondsworth, Middlesex, England: Penguin, 1970.

Sparks, Jack, ed. *The Apostolic Fathers*. Nashville, Tenn.: Thomas Nelson, 1978.

Spitz, Lewis W., ed. *The Protestant Reformation*. Englewood Cliffs, N.J.: Prentice-Hall, 1966,

Steinberg, S. H. *Historical Tables*. London: Macmillan, 1939.

Sweet, William W. *The Story of Religion in America*. Grand Rapids: Baker, 1973.

Van Baalen, Jan Karel. *The Chaos of Cults*. Grand Rapids: Eerdmans, 1962.

Vidler, Alec R. *The Church in an Age of Revolution*. Harmondsworth, Middlesex, England: Penguin, 1961.

Westcott, B. F. *A General Survey of the History of the Canon of the New Testament*. Grand Rapids: Baker, 1980.

Workman, Herbert B. *Persecution in the Early Church*. London: Charles H. Kelly, 1906.

영문색인
(숫자는 도표의 일련번호)

Abelard, Peter 26
Abolitionism 49,59,60,61
Adoptionism 15,20
Aeterni Patris 51
Aggiornamento 51
Alban 10
Albertus Magnus 26,27
Albigensians 9,28
Alcuin 20
Aldersgate Street 47
Alexander III 23,30
Alexander of Alexandria 11,18
Alexander of Jerusalem 10
Alexander V 29,30
Alford, Henry 82
Alleine, Joseph 37
Ama-Sirayeli 81
Amana Church Society 54
Ambrose 11
American Bible Society 59,82
American Council of Christian Churches 67
Amish 35,53
Ammann, Jacob 35
Amyraldiansim 39
Amyraut, Moses 39
Anabaptists 32,33,35,44,77
Anacletus II 30
Andrew 1
Anselm 26
Anti-Saloon League 60
Antoninus Pius 3
Apocrypha 41,51
Apollinarianism 16,18
Apollinarius 11,14,16
Apostolic Succession 3,9,12,13
Aquinas, Thomas 25,26,27
Arianism 11,15,62
Aristides 4
Aristotle 26
Arius 11,14,15,18
Arles, Council of, 314 14
Arminianism 39,43,47,77
Arras, League of 40
Asbury, Francis 46,59
Asceticism 54
Athanasius 7,11,14,18
Athenagoras 4
Auburn Affirmation 67
Augsburg, Peace of 40
Augustine of Canterbury 19
Augustine of Hippo 9,11,14,17,27
Augustinianism 17,20
Augustinians 27,31,32,36
Auricular confession 54

Babylonian Captivity 21,29
Bacon, Roger 27
Baldwin of Flanders 23
Baptism 54,62,65

Barclay, William 82
Barmen Declaration 50
Barnabas of Alexandria 3
Barth, Karl 50
Bartholomew 1
Basel, Council of, 1431-1449 28,30
Basil 11,14
Basil of Ancyra 15
Basilides 9
Bates, Joseph 62
Baur, F. C. 50
Baxter, Richard 37
Bede 20,27
Beecher, Henry Ward 59
Beecher, Lyman 59,60
Beghards 30
Beguines 30
Beissel, Conrad 54
Bellarmine, Robert 38
Benedict of Nursia 27
Benedict XII 27
Benedict XIII 30
Benedictines 20,27
Bengel, J. A. 46
Berkeley, George 45
Berkeley, John 53
Bernard of Clairvaux 23,26,27
Berthold 27
Bethany College 59
Beza, Theodore 33-34
Bible Institute of Los Angeles 63,67
Biblical Theological Seminary 67
Blackstone, William E. 64
Blair, Samuel 56
Blanchard, Jonathan 60
Blandina 10
Blaurock, Georg 35
Boehler, Peter 46
Boethius 20
Bogomils 9,28
Bohlmann, Ralph 66
Boleyn, Anne 36
Bonaventure, John 26,27
Bonhoeffer, Dietrich 50
Boniface (Wynfrith) 19,27
Boniface IX 29
Boniface VIII 21
Booth, William 49
Bora, Katherine von 32
Borromeo, Charles 38
Bourg, Anne du 39
Bradwardine, Thomas 31
Braid, Garrick Sokari 81
Brainerd, David 79
Bratcher, Robert 82
Bray, Thomas 79
Brethren of the Common Life 31,32
Bridgman, Elijah C. 79
Briggs, Charles A. 67

138

British and Foreign Bible Society 49
Brookes, James H. 64
Brown, John 60
Brownists 37
Bruno 27
Bucer, Martin 34,36,38
Bullinger, Heinrich 34,36
Bultmann, Rudolf 50
Bunyan, John 37
Burns, William C. 80
Buswell, J. Oliver 67
Butler, Joseph 45

Caecilian 14
Caesarius of Arles 14,17
Callistus II 30
Calvert, Cecil, Lord Baltimore 53
Calvin, John 32,34,38
Calvinism 39,40,43,47,48,82
Cambridge University 34,36,37,39,55
Cambuslang 47
Cameron, John 39
Camisards 39
Campbell, Alexander 59
Campbell, Thomas 59
Campmeetings 59
Canisius, Peter 38
Capuchins 27,81
Caraffa, Giovanni (Paul IV) 38
Cardinals, College of 21,30
Carey, William 79
Carlstadt, Andreas von 33
Carmelites 27
Carteret, George 53
Carthage, Synod of, 397 7
Carthusians 27
Cartwright, Thomas 37
Cathari 9,28,30
Catherine of Aragon 36
Celibacy 22,28,30,31,54
Central American Mission 64
Cerinthus 1,9
Cerularius, Michael 22
Cesarini, Julian 30
Cevennes, War of the 39
Chafer, Lewis Sperry 64
Chalcedon, Council of, 451 12,14,18,22
Challoner, Richard 82
Chalmers, Thomas 48
Chapman, J. Wilbur 63
Charismatic Movement 84
Charlemagne 21,20
Charles I 37
Charles II 37
Charles IX 39
Charles the Bald 20
Charles V 40
Chemnitz, Marti 33
Christian IV 40
Christian Science 62
Church Missionary Society 49
Church of the Desert 39
Cistercians 27
Clapham Sect 49
Clarendon Code 37
Clement of Alexandria 6
Clement of Rome 3,10

Clement V 30
Clement VII 29,38
Clermont, Council of, 1095 24
Clovis 19
Cluniacs 27
Cluncy Reform 27
Coelestius 14,17
Coffin, Henry Sloan 66,67
Coke, Thomas 46
Coligny, Gaspard de 39
Collins, Anthony 45
Columba 19
Columbia University 50
Communalism 54
Complutensian Polyglot 38
Constance, Council of, 1414-1418 29,30,31
Constantine 11,18
Constantine IV 18
Constantine VI 18
Constantinople, Council of, 381 11,12,14,18
Constantinople, Council of, 553 11,18
Constantinople, Council of, 680-681 18
Contarini, Gasparo 38
Conventicles 46
Cooper, A. A., 7th Earl of Shaftesbury 49
Cotton, John 37,55
Countess of Huntingdon's Connexion 46
Court, Antoine 39
Covenant Theological Seminary 67
Covenant Theology 65
Coverdale, Miles 36,82
Cranmer, Thomas 34,36,38
Cromwell, Oliver 37
Cromwell, Richard 37
Cromwell, Thomas 36
Crowther, Samuel A. 79
Crusades 21,23,24,26,27,28,30
Cuius Regio, Eius Religio 40
Cultural Mandate 65
Cunningham, William 83
Cuthbert 20
Cyprian 6,10,12
Cyril 11,14,18
Cyrus of Alexandria 16

D'Ailly, Peter 30
D'Aubigne, J. H. Merle 48,83
Daille, Jean 39
Dallas Theological Seminary 64
Damasus 11
Damien de Veuster, Joseph 80
Dandolo, Henry 23
Darby, John Nelson 64,82
Dartmouth College 56
Davies, Samuel 56
Decius 10
Deism 45,57
Demiurge 9
Demythologizing 50
Diatessaron 4,5
Didache, The 7,8
Diocletian 10
Dioscurus 18
Dispensationalism 64,65,77,82
Dixon, Amzi C. 66
Documentary Hypothesis 50
Dodd, C. H. 82

Dominicans 26,27,31,34,38,80
Domitian 3,10
Donation of Constantine 21
Donation of Pepin 21
Donatism 11,14
Donatus 14
Duff, Alexander 79
Duns Scotus, John 26,27
Dupanloup, Felix 51
Duplessis-Mornay, Philippe 39
Dwight, Timothy 59

Ebionism 9
Eck, Johann 33
Eckhart, Johannes 27
Eddy, Mary Baker Glover Patterson 62
Edson, Hiram 62
Education 54
Edward VI 36
Edwards, Jonathan 55,56,59
Ehlen, Arlis 66
Elias, John 48
Eliot, John 80
Elizabeth I 32,36,38
Encratites 4
Ephesus, Council of, 431 14,18
Ephrata Cloister 54
Erasmus, Desiderius 31,32,33,34
Erret, Isaac 66
Ethelbert 19
Eudoxia 11
Eudoxius 15
Eugene III 23,27
Eugene IV 30
Eunomius 15
Eusebius of Caesarea 7,8,11,18
Eusebius of Nicomedia 14,15,18
Eutyches 14,16,18
Eutychianism 16,18
Eutychius 18
Evangelism 59,65
Evans, Christmas 48
Evolution 63
Existentialism 50

Fabianus 10
Faith and Order 52
Faith Theological Seminary 67
Farel, Guillaume 32,34
Farstad, Arthur L. 82
Ferdinand of Aragon 38
Ferdinand, Emperor 40
Filioque Controversy 22,30
Finney, Charles G. 59,60
Flavel, John 37
Form Criticism 50
Formula of Concord 33
Fosdick, Harry Emerson 66,67
Foucauld, Charles Eugene de 80
Foxe, John 83
Francis of Assisi 26,27
Franciscans 26,27,30,38,80
Francke, Auguste H. 46,49
Franz, Frederick W. 82
Frederick Barbarossa 23
Frederick II 23,30
Frederick V 40

Free University of Amsterdam 48
Frelinghuysen, Theodore J. 56
Fundamentalism 66

Gaebelein, Arno C. 64
Galerius 10
Galileo 38
Garrison, James H. 66
Gaussen, Francois 48
Gerson, John 30
Ghislieri, Michele (Pius V) 38
Gnosticism 3,4,6,7,9,62,77,84
Godfrey 23
Godfrey St. Omer 27
Goodspeed, E. J. 82
Goodwin, Thomas 37
Gospel of Truth 7
Gottschalk 20,23
Great Awakening, First 47,56
Great Awakening, Second 59
Grebel, Conrad 35
Gregory I 13,20
Gregory of Laodicea 15
Gregory of Nazianzus 11,14,18
Gregory of Nyssa 11,14,18
Gregory of Rimini 27,31
Gregory Thaumaturgos 6
Gregory X 30
Gregory XI 29
Gregory XII 29,30
Grimke, Angelina 60
Groote, Gerhard 27
Guinness, H. Grattan 79
Gustavus Adolphus 40
Guzman, Dominic 27
Gwilliam, Thomas 32

Hadrian 4,10
Haldane, James 48
Haldane, Robert 48
Half-Way Covenant 55
Halley's comet 81
Hampton Court Conference 82
Harmony Society 54
Harnack, Adolf von 50,83
Harris, Christian 81
Harris, Howell 48
Harris, William Wade 81
Harvard University 50,55
Hastings, Selena, Countess of Huntingdon 46
Hatzer, Ludwig 35
Healing, faith 81
Hefele, Karl J. 51
Hegel, G. W. F. 50
Hegesippus 4
Heidelberg Catechism 33
Heinemann, Barbara 54
Heloise 26
Helvetic Confessions 34
Henry IV 21
Henry IV (Bourbon) 39
Henry VIII 36,38,82
Henry, Matthew 37
Herbert, Edward, Lord Cherbury 45
Hermas 3
Herod Agrippa I 1
Herrnhut 46

140

Hilary 11
Hildebrand (Gregory VII) 21,27
Hippolytus 6,10
Hitler, Adolf 50
Hobbes, Thomas 45
Hodge, Charles 67
Holy Roman Empire 21,22,35,40
Honorius 18
Honorius III 23
Hooker, Thomas 55
Hooper, John 36
Hopkins, Samuel 60
Hort, F. J. A. 82
Hosius 14,18
Howard, John 49
Howe, John 37
Hubmaier, Balthasar 35
Hugh of Lincoln 27
Hugh of St. Victor 26
Hugo de Payens 27
Huguenots 39
Humanae Salutis 51
Huss, John 28,30,31
Hussites 28,30
Hutchinson, Anne 55
Hutter, Jacob 35
Hutterites 35

Iconoclastic Controversy 18,20,22
Ignatius 3,10,12
Ignatius Loyola 27,38
Illyricus, Matthias Flacius 33,84
Immaculate Conception 26
Index 51
Indulgences 24,28,31
Innocent II 30
Innocent III 21,23,30
Innocent IV 30
Innocent VII 29
Inquisition 27,28,30,38
Inspiration of Scripture 54,67
Internat'l Council of Christian Churches 67
International Missionary Council 52
Investigative Judgment 62
Irenaeus 6,10,12
Isabella of Castile 38
Isidore 20

Jacob, Henry 37
James I 82
James, brother of Jesus 1
James, son of Alphaeus 1
James, son of Zebedee 1
Jehovah's Witnesses 62,82
Jerome 11,14,20
Jesuits 27,40,38,80
Jimenes, Francisco 38
John, the apostle 1,3,8,10,62
John Cassian 14,17
John Chrysostom 11
John Frederick of Saxony 40
John of Brienne 23
John of Damascus 20
John of Wessel 31
John Scotus Erigena 20
John XXIII 51
John XXIII (antipope) 29,30

Jones, Samuel Porter 63
Judas Iscariot 1
Jude 1,8
Judson, Adoniram 79
Julian of Eclanum 17
Julian of Halicarnassus 16
Julian the Apostate 11
Julius Africanus 6
Julius III 51
Jurieu, Pierre 39
Justin Martyr 4,10
Justinian 18

Kappel Wars 40
Ketchum, Robert 66
Kimbangu, Simon 81
Kimbanguist Church 81
Knights of Malta 27
Knights of St. John (Hospitallers) 27
Knights Templar 27,30
Knorr, Nathan H. 62,82
Knox, John 32
Knox, Ronald 82
Konrad III 23
Krapf, Johann 79
Krausert, Michael 54
Kung, Hans 51
Kuyper, Abraham 48

Lactantius 11
Laetare Hierusalem 51
Las Casas, Bartolomeo de 27,80
Lateran Council, First 1123 30
Lateran Council, Fourth 1215 21,30
Lateran Council, Second 1139 30
Lateran Council, Third 1179 30
Latimer, Hugh 36
Latourette, Kenneth Scott 83
Laud, William 37,55
Lavigerie, Charles M. A. 80
Law, William 45,46
Laying on of hands 62
Lay investiture 21
Laynez, James 38,51
Lefevre, Jacques 34
Leo I 12,13,14,18
Leo IX 21,22
Leo X 38
Leonidas 6,10
Life and Work 52
Livingstone, David 79
Locke, John 45
Log College 56
Logos spermaticos 4
Lollards 28
Lord's Supper 55
Louis IX 23
Louis of Blois 23
Louis the Pious 20
Louis VII 23
Louis XIV 39
Luther, Martin 27,31,32,33,34
Lyon, Mary 60
Lyons, Council of, 1245 30
Lyons, Council of, 1274 30

McCheyne, Robert Murray 48

McCormick Theological Seminary 67
Macedonianism 15
Macedonius 15
McGarvey, John W. 66
McGready, James 59
Machen, J. Gresham 66,67
McIntire, Carl 67
Mack, Alexander 46
MacRae, Allan 67
Magna Carta 30
Maillesec, Guy de 30
Malakites 81
Malan, Cesar 48
Mani 9
Manichaeism 9,11,28
Manning, Henry 51
Manz, Felix 35
Marburg Colloquy 34
Marcian 18
Marcion 3,4,6,7,9,28
Marcus Aurelius 10
Margaret of Valois 39
Mark 3
Marshall, Daniel 56
Martin V 29,30
Martin, Gregory 82
Martyn, Henry 79
Mary, mother of Jesus 11,14,26,51
Massaja, Gugliemo 80
Massee, Jasper C. 66
Mather, Cotton 55,83
Mather, Increase 55
Mather, Richard 55
Matthew 1,3,9
Maurice of Saxony 40
Mauritius 10
Maximilian of Bavaria 40
Maximilla 9
Maximinus the Thracian 10
Meacham, Joseph 54
Melanchthon, Philipp 33,34,38
Meletius 18
Melito 4
Mennonites 35,53,74
Metz, Christian 54
Metzger, Bruce 82
Mgijima, Enoch 81
Milan, Edict of 13
Millennium 54,62,65
Miller, John Peter 54
Miller, William 62
Milton, John 37
Missionary work 59
Modalism 15
Moffat, Robert 79
Moffatt, James 82
Mokone, Mangena M. 81
Molesme, Robert 27
Monarchianism 15
Monod, Adolphe 48
Monod, Frederick 48
Monophysitism 16,18
Monothelitism 16,18
Montaigne, Michel de 45
Montanism 6,9,84
Montanus 9
Moody, Dwight L. 63

Moody Bible Institute 63
Moravians 28,46,53
Mormons 62,75
Morone, Giovanni 51
Morrison, Robert 79
Moulin, Pierre du 39
Muhammad 24
Muhlenberg, Henry Melchior 56
Müller, George 49
Munzer, Thomas 33,40
Muratorian Canon 7
Musajakawa, Malaki 81
Muslim Conquest 13,24
Muslims 13,22,23,24,30,38
Mysticism 26,35,84

Nantes, Edict of 39
Napoleon 27
National Council of Churches 67,82
Neander, J. A. W. 83
Neoorthodoxy 50
Neoplatonism 20
Nero 1,10,13
Nestorianism 16,18
Nestorius 11,14,16,18
Nettleton, Asahel 59
Nevius, John L. 79
New Haven Theology 59
New Measures 59
Newton, Isaac 45
Newton, John 49
New York Bible Society 82
New York University 67
Niagara Bible Conferences 64
Nicea, Council of, 325 11,12,14,18
Nicea, Council of, 787 18
Nicholas 23
Nicholas I 21
Nicholas of Cusa 30
Nicholas of Lyra 27
Ninian 19
Nobili, Robert de 27,80
Nominalism 26
Norbert 27
Noyes, John Humphrey 54

Oberlin College 59,63
Occidental College 67
Oecolampadius, Johann 34
Oglethorpe, James 53
Olevianus, Caspar 33
Oneida Community 54
Orange, Council of, 529 14
Origen 6,7,10,11
Otto I 21
Owen, John 37
Oxford University 26,31,36,37,38,46,47,55,56

Pacific Garden Mission 63
Pacifism 54,58,62
Paley, William 45
Palmer, Edwin 82
Papal infallibility 26,51
Papal States 21
Papias 3
Parker, Matthew 36,82
Paton, John G. 80

Patrick 19
Patripassionism 15
Paul, the apostle 1,4,8,9,10,13,28,50
Paul III 51
Paul of Samosata 15
Paul VI 51
Paulicians 9,28
Peasants' Revolt (1381) 31
Peasants' Revolt (1525) 32,33,40
Pelagianism 11,14,17,77
Pelagius 14,17,18
Penn, William 53
Pentecostalism 73,84
Pepin the Short 21
Perpetua 10
Peter, the apostle 1,3,8,10,12,13,28,50
Peter Lombard 26
Peter the Hermit 23
Philadelphia College of Bible 64
Philargi, Peter 30
Philip, the apostle 1
Philip Augustus 23
Philip II 40
Philip IV (the Fair) 21
Philip of Hesse 40
Phillips, J. B. 82
Philo 3
Picpus Fathers 81
Pietism 46,49,50,54,56,84
Pilgrims 53
Pisa, Council of, 1409 29,40
Pius IV 51
Pius IX 51
Plato 5
Platonism 4,9
Pleroma 9
Plymouth Brethren 49,64,82
Pneumatomachism 15
Poissy, Colloquy of 34
Pole, Reginald 38
Polycarp 3,6
Polygamy 81
Pothinus 10
Praxeus 6,15
Premonstrants 27
Preus, Jacob A. O. 66
Princeton Theological Seminary 64,67
Princeton University 56,67
Priscilla 9
Prohibition 60,63
Prophecy, gift of 62
Pseudo-Isidorean Decretals 21,20
Puritans 37,36,53,55,82,83

Quadratus 4
Quakers 53
Quartodeciman Controversy 4

Rabaut, Paul 39
Radbertus, Paschasius 20
Rahner, Karl 51
Raikes, Robert 49
Rapp, George 54
Rauschenbusch, Walter 66
Raymund De Puy 27
Raymund of Toulouse 23
Realism 26

Rebmann, Johannes 79
Regulative Principle 42
Restoration 37,55
Revelation of Peter, The 8
Revivals 59,63
Rhodes, Alexander de 80
Ricci, Matteo 27,80
Richard I 23
Ridley, Nicholas 36
Riley, William Bell 66
Ritschl, Albrecht 50
Robber Synod, 449 14
Robert of Normandy 23
Roberts, Evan 48
Robinson, John 37
Rogers, John 82
Rome, Synod of, 382 7
Rowland, Daniel 48
Rufus 10
Russell, Charles Taze 62
Rutherford, Joseph F. 62

Sabbath-keeping 62
Sabellianism 15,28
Sabellius 15
Sacraments 62
Sadoleto, Jacopo 38
Saint Bartholomew's Day Massacre 39
Saladin 23
Salem witch trials 55
Salvation Army 49
Sansavoir, Walter 23
Sattler, Michael 35
Saturninus 9
Savonarola, Girolamo 27,31
Schaff, Philip 83
Schall von Bell, Johann Adam 80
Scheutveld Fathers 80
Schleiermacher, Friedrich 50
Schleitheim Confession 35
Schwartz, Christian Friedrich 79
Schweitzer, Albert 50,79
Schwenkfeld von Ossig, Caspar 35
Schwenkfelders 35,53
Scofield, Cyrus Ingerson 64
Semi-Arianism 15
Semi-Augustinianism 14,17
Semi-Pelagianism 17
Septimus Severus 10
Sergius 16
Seventh-Day Adventists 62,76,77
Severus 16
Shakers 54
Sharp, Granville 49
Shelton College 67
Shepard, Thomas 55
Shepherd, The 3,7,8
Sigismund 30
Simon de Montfort 23
Simon Magus 1,9
Simon the Zealot 1
Simons, Menno 35
Sixtus II 10
Slavery. See Abolition
Slessor, Mary 79
Smalcald War 40
Smith, Henry Preserved 67

Smith, J. M. P. 82
Smith, Joseph, Jr. 62
Social Gospel 50,67
Society of the Public Universal Friend 54
Solanus, Francis 80
Spangenberg, August 46
Spener, Philipp Jaakob 46
Stanley, Ann Lee 54
Stearns, Shubal 56
Stephanus Niobes 16
Stephen 23
Stevenson, J. Ross 66
Stoddard, Solomon 55,56
Stoicism 10
Stone, Barton W. 59
Stowe, Harriet Beecher 59,60
Straton, John Roach 66
Strauss, David Friedrich 50
Studd, C. T. 79
Suffrage 60
Sunday, Billy 60,63
Sweet, William W. 83
Symeon 10

Tancred 23
Tatian 4,5,9
Tauler, John 27
Taylor, G. Aiken 66
Taylor, J. Hudson 79
Taylor, Kenneth 82
Taylor, Nathaniel William 59
Telesphorus 10
Temperance. *See* Prohibition
Tennent, Gilbert 56
Tennent, Willilam 56
Tertullian 6,9,12
Teutonic Knights 27
Textus Receptus 82
Thaddaeus 1
Theatines 38
Theodore of Arabia 16
Theodore of Mopsuestia 11
Theodoret 14
Theodoric 20
Theodosius 11,18
Theodosius II 18
Theodotus of Byzantium 15
Theophilus 4
Theresa of Avila 27
Thibaut of Champagne 23
Thirty Years' War 40
Thomas, the apostle 1
Thomas á Kempis 27
Tietjen, John 66
Tillich, Paul 50
Tilly, Johan 40
Tindal, Matthew 45
Toland, John 45
Toledo, Council of, 633 20
Tongues, speaking in 54
Torquemada, Tomas de 27,38
Torrey, Reuben A. 63
Tours, Battle of 24
Trajan 3,10
Transubstantiation 20,28,30,31,41,51
Trappists 27,81
Trent, Council of, 1545–1563 38,51

Tudor, Mary 36,83
Tulga, Chester 66
Tyler, Bennet 59
Tyndale, William 36,82

Ulfilas 19
Unam Sanctum 21
Union Theological Seminary 50,67
Unitas Fratrum 28
Universalism 54
University of Berlin 50,67
University of Chicago 50
University of Edinburgh 67
University of Tübingen 33,50
University of Virginia 67
Urban II 21,23,27
Urban VI 29
Ursinus, Zacharias 33
Ursula 10
Utrecht, Union of 40

Valentinus 9
Valerian 6,10
Van Prinsterer, Groen 48
Vassar, Matthew 60
Vatican I, 1869–1870 51
Vatican II, 1962–1965 51
Verbist, Theophile 81
Verkuyl, Gerrit 83
Vienne, Council of, 1311–1312 30
Vulgate 11,20,31,51,82

Waldensians 28,30
Waldo, Peter 28
Walker, Williston 83
Wallenstein, Albrecht 40
Warburton, William 45
Warfield, Benjamim B. 67
Weld, Theodore 60
Wellhausen, Julius 50
Wesley, Charles 46
Wesley, John 45,46,47,49,56,58,59
Wesley, Susanna 47
Westcott, B. F. 82
Western Theological Seminary 67
Westminster Assembly 37
Westminster Theological Seminary 67
Westphalia, Peace of 40
Weymouth, Richard F. 82
Wheaton College 67
Wheelock, Eleazer 56
White Fathers 80
White, Ellen G. 62
Whitefield, George 46,47,56
Wilberforce, William 49
Wilkinson, Jemima 54
Willard, Emma 60
Willard, Frances 60
Willett, Herbert L. 66
William of Aquitane 27
William of Holland 23
William of Ockham 26,27
William the Silent 40
Williams, C. K. 82
Williams, Roger 53,55
Williams, William 48
Willibrord 19,20

Wilson, Robert Dick 67
Winthrop, John, Jr. 53
Wishart, George 32
Wolsey, Thomas 36
Women's Christian Temperance Union 60
Woolley, Paul 66
Woolston, Thomas 45
World Council of Churches 52,67
Worms, Concordat of 21,30
Worms, Diet of 32
Wycliffe, John 28,30,82

Xavier, Francis 27,80

Yale Divinity School 59,63
Yale University 56,59,63,67
Young Brigham 62

Ziegenbalg, Bartholomaus 79
Zinzendorf, Count Nikolaus Ludwig von 46
Zionism 64
Zoroastrianism 9
Zozimus 10
Zwickau Prophets 33
Zwingli, Ulrich 32,34,40

한글색인
(숫자는 페이지)

가룟유다　7
가짜 이시도르문서　29, 30
갈레리우스　17
갈릴레오　47
개리슨, 제임스　87
거슨, 존　43
게벨라인, 아노　85
경건주의　62, 65, 66, 71, 75, 109
계약신학　86
고슨, 프랑세스　64
고트샤크　31, 33
고해성사　71
공관복음서　10, 11
공동생활의 형제단　44, 45
교황권　29
교황무오설　37, 51
교황의 칙령　29
굿윈, 토마스　50
구세군　65
구스타푸스 아돌푸스　55
구즈만, 도미닉　39
국제기독교협의회　89
국제선교협의회　69
굿스피드　106
귈리암, 토마스　45
그레고리, 낫시안주스　19, 23, 27
그레고리, 닛사　19, 23, 27
그레고리, 라오디게아　24
그레고리, 리미니　38, 44
그레고리 1세　22, 31
그레고리 10세　43
그레고리 11세　42
그레고리 12세　42, 43
그레벨, 콘라드　48
그로우서, 사무엘　102

그루테, 게르하르트　38
그림케, 안젤리나　80
금욕주의　71
금주　80, 84
기네스, 그라탄　103
기롤라모, 사보나라롤라　39, 44
기슬리에리, 미첼리(파이우스 5세)　53
꼴리니, 가스파르 드　54

나폴레옹　38
낭트칙령　54
네로　7, 17, 22
네비우스, 존　103
네스토리우스주의　25, 27
네스토리우스　20, 23, 25, 27
네안더　108
네트레튼, 아사헬　79
노르, 나단　107
노르베르　27
노빌리, 보베르트 드　39, 104
노예　65, 78, 80, 81
노이예스, 존 험프리　71
낙스, 로날드　106
낙스, 존　45
농민반란　44, 45, 46
뉴욕성서공회　107
뉴튼, 아이작　60
뉴튼, 존　65
니니안　28
니케아회의(325)　18, 21, 23, 27
니케아회의(787)　27
니콜라스　33
니콜라스, 리라　39
니콜라스, 쿠사　43
니콜라스 1세　29

다대오　7
다드　107
다미앤 드 포이스터, 요셉　104
다비, 존 넬슨　85, 106
단돌로, 헨리　33
단일신성론　25, 27
단일육체론　25, 27
달라스신학교　85
대헌장　43
더프, 알렉산더　102
데오도렛　23
데오도르, 몹수에스티아　20
데오도르, 아라비아　25
데오도시우스　19, 27
데오도시우스 2세　27
데오도투스, 비잔틴　24
데이비드, 프리드리히, 스트라우스　66
데이비스, 사무엘　75
데일리, 장　54
데일리, 피터　43
데키우스황제　17
도나투스　23
도마　7
도미니코수도회　37, 38, 44, 47, 52, 104
도미티안　9, 17
도빙, 메를리　64, 108
독신(주의)　32, 40, 43, 44, 71
듀플레시스 모네 필리피　54
듀판롭, 펠릭스　68
드와이트, 티모디　78
디다케　14, 15
디오스쿠루스　27
디오클레티안　17
딕슨, 엠지 C　87
뚜르전투　34

라너, 칼　68
라봇, 폴　54
라비게리, 찰스　104
라우센부쉬, 왈터　87
라 카사, 바르돌로메 드　39, 104

라티머, 휴　49
라토렛, 케넷 스콧　108
락틴티우스　18
래드베르투스, 파스카시우스　31
래이크스, 로브트　65
랩, 조지　71
러셀, 찰스 테즈　82
레오 1세　21, 22, 23, 27
레오 9세　29, 32
레오 10세　52
레오니다스　13, 17
레이네즈, 제임스　53, 68
레이문드 드 푸이　38
레이문트, 뚤르즈　33
레브만, 요한네스　103
로고스　10
로드, 알렉산더 드　104
로드, 윌리암　50, 72
로마회의(382)　14
로버츠, 이반　64
로버트, 노르만디　33
로빈슨, 존　50
로, 윌리암　61, 62
로우랜드, 다니엘　64
로저스, 존　106
로크, 존　60
롤라드파　41
루더포드, 죠셉　82
루이(경건자)　31
루이, 블로이스　33
루이 7세　33
루이 9세　33
루이 14세　54
루터, 마틴　38, 44, 45, 46, 47
루프스　17
르페브르, 쟈크　47
리들리, 니콜라스　49
리빙스톤, 데이비드　97
리온, 매리　80
리용회의　43
리차드 1세　33

리츌, 알브레히트　66
리치, 마테오　39, 104
릴리, 윌리엄 벨　87

마가　7
마가렛, 발로아　54
마니　16
마니교　16, 20, 40
마더, 리차드　72
마더, 인크리즈　73
마더, 코튼　73
마르부르크논쟁　47
마르섹 구이드　43
마르쿠스 아우렐리우스　17
마르시안　27
마르시온　9, 10, 12, 16, 40
마틴 5세　42, 43
마샬, 다니엘　75
마우리티우스　17
마케도니안주의　24
마케도니우스　24
마태(복음서)　7, 9, 16
마틴, 그레고리　106
마틴, 헨리　102
마호메드　34
막시미누스　17
막시밀라　16
막시밀리안, 바바리아　55
만즈, 펠릭스　48
말라카이츠　105
말란, 케사르　64
말타 기사단　38
맛싸야, 구글리멜로　104
매닝, 헨리　68
매씨, 제스퍼　87
맥, 알렉산더　62
맥가비, 존　87
맥그레디, 제임스　78
맥레이, 알란　89
맥케인, 로버트 머레이　64
메노나이트　48, 70, 96

메이천, 그레샴　87, 88
메츠, 크리스찬　71
메츠거, 브루스　107
메킨타이어, 칼　89
멜랑히톤, 필립　46, 47, 52
멜레티우스　27
멜리토　10
면죄부　34, 40, 43, 44
모나키안주의　24
모노, 아돌프　64
모노드, 프레드릭　64
모라비안　40, 62, 70
모로네, 지오반니　68
모리스, 삭소니　55
모리슨, 로버트　102
모코네, 망게나　105
모팻, 로버트　102
모팻, 제임스　106
목자서　9, 14, 15
몬타누스　16
몬타누스파　12, 16, 103
몰레슴, 로버트　38
몰몬교　75, 82
몽테뉴　60
무디, 드와이트　84
무라토리안정경　14
무사야카와, 말라키　105
문서설　66
문화 사명　86
물랭, 피에르 뒤　54
뮌처, 토마스　46, 55
뮬러, 죠지　65
뮬렌베르그, 헨리 멜키어　75
미챔, 조셉　71
밀라노칙령　22
밀러, 윌리암　82
밀러, 존 피터　71
밀턴, 존　50

바나바(알렉산드리아)　9
바돌로매　7

바르멘선언　67
바르트, 칼　67
바빌론 유수　29, 42
바싸, 매튜　80
바실리데스　16
바우르　66
바울 3세　68
바울 6세　68
바울, 사모사타　24
바울파　16, 40
바젤회의　41, 43
바실　18, 23
바질, 앙키라　24
바클리, 윌리암　107
반(半) 아리안주의　24
반(半) 어거스틴주의　23, 26
반(半) 펠라기안주의　26
반 프린스터러, 그로엔　64
발레리안　17
발렌스타인, 알브레히트　55
발렌티누스　16
백스터, 리차드　50
백의신부단　104
버나드, 클레르보　33, 36, 38
버르돌드　39
버르쿠일, 게릿　107
버스웰, 올리버　89
버클리, 조오지　61
버클리, 존　70
버틀러, 조셉　61
번연, 존　51
번즈, 윌리암　103
벌게이트(라틴어 역본)　20, 31, 44, 68, 106
베그하르트　43
베네딕트, 누르시아　38
베네딕트 12세　38
베네딕트 13세　43
베드　30
베드로　7
베드로계시록　15
베스트팔리아평화조약　55

베이셀, 콘라드　71
베이츠, 조셉　82
베이컨, 로저　39
베자, 데오도르　46, 47
벨라민, 로버트　53
벨트, 데오도레　80
벨하우젠, 줄리우스　66
벵겔　62
보고밀파　16, 40
보나벤투라, 존　37, 38
보니파스　28, 38
보니파스 9세　42
보니파스 8세　29
보로메오, 찰스　53
보름스의회　45
보름스협약　29, 43
보에티우스　30
보엘러, 피터　62
보편주의　71
보헤미안 형제단　41
복음서　14
복음주의　79
본훼퍼, 디트리히　67
볼드윈(프란더스)　33
볼린, 앤　49
볼만, 랄프　87
볼티모어경　70
부르그 안네 뒤　54
부처, 마틴　47, 49, 52
부흥운동　79
분리주의자　50
불링거, 하인리히　47, 49
불트만, 루돌프　67
브라운, 존　80
브래드워딘, 토마스　44
브랫쳐, 로버트　107
브레이너드, 데이비드　102
브레이드, 가릭 소카리　105
브레이, 토마스　102
브루노　39
브룩스, 제임스　85

브릭스, 찰스　88
브릿지만, 엘리야　102
블라우록, 게오르그　48
블래어, 사무엘　75
블랙스톤, 윌리암　85
블랜디나　17
블랜차드, 조나단　80
비(非) 신화화　67
비인회의　43
비처, 리만　78, 80
비처, 헨리 와드　78
빌립　7

사도 도마　7
사도 바울　7, 10, 15, 17, 22, 41, 66
사도 베드로　7, 9, 10, 15, 21, 22, 41, 66
사도 빌립　7
사도 요한　7, 9, 10, 15, 83
사도의 계승원칙　9, 16, 21, 22
사돌레토, 자코포　52
사벨리안주의(양태론)　24
사벨리우스　24
사우마트르고스　13
샤프테스베리의 7번째 백작　65
사회복음　88
살라딘　33
살렘 마녀의 재판　73
살 폰 벨, 요한 아담　104
30년 전쟁　55
새터니우스　16
새틀러, 미카엘　48
생활과 사역　69
샤프, 그랜빌　65
샤프, 필립　108
샬마뉴　29, 31
서임권 논쟁　29
선데이, 빌리　80, 84
성경의 영감설　88
성령피조물설　24
성례　83
성 바돌로매 대학살　54

성부고난설　24
성상숭배논쟁　27, 31, 32
성경신학교　89
성 오머 고프리　38
성 요한의 기사단(병원단)　38
성전기사단　38, 43
세계교회협의회　69, 89
세대주의　85, 86, 99
세례　83, 86
세르기우스　25
세룰라리우스, 미카엘　32
세베루스　25
세파드, 토마스　73
소시무스　17
솔라누스, 프란시스　104
숏펠트 신부단　104
순교자 저스틴　10, 17
쉬뱅크펠더　70
쉬뱅크펠트 폰 오씨이 캐스파　48
쉴라이트하임 신앙고백　48
쉬말칼트전쟁　55
쉬바르츠, 크리스찬 프리드리히　102
슈바이처, 알베르트　66, 103
슐라이엘막허, 프리드리히　66
스미스, J. M. P.　106
스미스, 조셉　82
스미스, 헨리 프리저브드　88
스위트, 윌리암　108
스코투스, 존 둔스　37, 39
스코필드. 사이렌스 인거슨　85
스탠리, 앤 리　71
스턴즈, 슈발　74
스테반　33
스테파누스 니오베스　25
스토다드, 솔로몬　73, 74
스토웨, 헤리엇 비처　78
스톤, 바튼　78
스투드　103
스트라튼, 존 로취　87
스티븐슨, 로스　87
쉬페너, 필립 야콥　62

150

슬래서, 매리   103
시몬(열심당원)   7
시몬 마구   16
시몬 드 몽포르트   33
시몬즈, 메노   48
시므온   17
시오니즘   85
시토   38
식스투스 2세   17
신비적   37. 48
신성로마제국   25, 32, 48, 55
신앙과 직제   69
신앙치유   105
신정통주의   67
신플라톤   31
실재론   36
실존주의   67
십사일교도   10
십자군   25, 33, 34, 36, 38, 40, 43
시릴   20, 23, 27

아나클레투스 2세   43
아를르(314)   23
아리스토텔레스   37
아리스티데스   10
아리안주의   18, 19, 24, 82
아리우스   23, 24, 27
아마나 교회단   71
아마 시라이엘리(이스라엘 계열)   105
아미랄리안주의   54
아미로, 모세   54
아밋슈   48. 70
아벨라드, 피터   36
아우구스부르크 종교화의   55
아퀴나스, 토마스   35, 37, 39
아타나시우스   14, 23, 17
아테나 고라스   10
아퀴테인의 윌리암   38
아폴리나리우스   18, 23, 25
아폴리나리우스주의   25, 27
아프리카누스   13

안드레   7
안셈   36
안식일 준수   83
안토니우스 파이우스   9
알레인, 조셉   51
알렉산더 3세   33, 43
알렉산더 5세   42, 43
알렉산드리아의 알렉산더   18
알렉산드리아의 키루스   25
알미니안파   54, 58, 63, 99
알반   17
알베르투스 마그누스   37, 39
알쿠인   31
알포드, 헨리   106
암만, 야곱   48
암브로스   19
암스텔담 자유대학   64
애즈베리, 프란시스   62, 78
야고보(세베대의 아들)   7
야고보(알패오의 아들)   7
야고보(예수의 형제)   7
양식비평   67
양자설   24, 31
양태론   24
어거스틴(캔터베리)   28
어거스틴(힙포)   16, 20, 23, 26, 38
어거스틴주의   26
어거스틴 수도원   38, 44, 45, 49
어번 활약   88, 89
에델버트   28
에드슨, 히람   82
에드워드 6세   49
에드워드, 요나단   73, 74, 78
에디, 메리 베이커 클로버 페터   82
에라스무스, 데시데리우스   44, 45, 46, 47
에레트, 이삭   87
에반스, 크리스마스   64
에베소회의(431)   23, 27
에브라타 수도원   71
에비온주의   16
에크하르트 요하네스   39

151

엑크, 요한　46
엘렌, 알리스　87
엘리아스, 존　64
엘리옷, 존　102
엘리자베스 1세　45, 53
여호와의 증인　82, 107
영, 브리그햄　82
영지주의　9, 10, 12, 14, 16, 76, 93, 103
예루살렘의 알렉산더　17
예수회　39, 53, 55, 104
예일대 신학부　79, 84
오글데도르프, 제임스　70
오네이다 공동체　71
오랜지회의(529)　23
오리겐　13, 14, 17, 19
오순절파　95, 109
오웬, 존　51
오토 1세　29
올레비아누스, 카스파　46
와버튼 윌리암　61
왈도, 피터　41
왈도파　41
왕정복고　50, 73
외경　56, 68
외꼴람빠디우스 요한　47
요한(다마스커스)　31
요한(베셀)　44
요한(브리앙)　33
요한 사도　7
요한 23세　68
요한 23세(대립교황)　42, 43
우르반 2세　29, 33, 38
우르반 6세　42
우르술라　17
우르시누스, 자카리우스　46
울리, 폴　87
울스턴, 토마스　60
울시 추기경　49
울필라　28
워커, 윌리스톤　108
워필드, 벤자민　88

웨스턴신학교　88
웨스트민스터신학교　89
웨스트민스터의회　50
웨스트콧　106
웨슬레, 수산나　63
웨슬레, 존　61, 62, 63, 65, 75, 77, 78
웨슬레, 찰스　62
웨이머스, 리차드　106
위그노파　54
위시하르, 죠오지　45
위클리프, 존　41, 106
윈드롭 2세, 존　70
윌라드, 엠마　80
윌라드, 프랑시즈　80
윌레트, 허버트　87
윌리브로드　28, 31
윌리암(옥캄)　39
윌리암(침묵자)　55
윌리암(홀란드)　33
윌리암스　107
윌리암스, 로저　70, 72,
윌리엄스, 윌리엄　64
윌버포스, 윌리엄　65
윌슨, 로버트 딕　88
윌킨슨, 제미마　71
유노미우소　24
유니온 신학교　67, 88
유독시우스　24
유독시아　19
유명론　37
유세비우스(가이사랴)　14, 15, 18, 27
유세비우스, 니코메디아　23, 24, 27
유스티니아누스　27
유진 3세　33, 38
유진 4세　43
유트레히트연맹　55
유티케스　23, 25, 27
유티케스주의　25, 27
유티키우스　27
율리우스 3세　68
율리우스 아프리카누스　13

은둔자 베드로 33
이그나시우스 9, 15, 17
이그나시우스 로욜라 39, 52
이레니우스 12, 17, 21
이시도르 30
이신론 61
인노센트 2세 43
인노센트 3세 29, 33, 43
인노센트 4세 43
인노센트 7세 42
일리리쿠스, 마티아스 프라시우스 46, 108
일부다처제 105

자비에르, 프란시스 39, 104
잔자브아, 월터 33
재침례파(재세례파) 45, 46, 48, 59
저드슨, 아도니람 102
저스틴(순교자) 10
절제운동 80
제1차 대각성운동 63, 75
제2차 대각성운동 79
제1차 라테란회의(1123) 43
제2차 라테란회의(1139) 43
제3차 라테란회의(1179) 43
제4차 라테란회의(1215) 43
제1차 바티칸공회의(1869~1870) 68
제2차 바티칸공회의(1962~1965) 68
제7일 안식일 예수 재림교 83, 98
조로아스터교 16
존 스코투스 에리게나 31
존스, 사무엘 포터 84
존 카시안 23, 26
존 크리소스톰 19
존 프레드릭(삭소니) 55
종교재판소 40, 43, 53
줄리앙(에클라눈) 26
쥴리안(헬리카나수스) 25
중앙 아메리카 선교회 85
지겐발그, 바돌로매 102
지기스문트 43
쥐리에 삐에르 54

지메네스, 프란시스코 52
진젠도르프 62
쯔비카우 예언자단 46
쯔빙글리, 울리히 45, 47, 55

채프만, 윌버 84
챌로너, 리차드 106
찰머스, 토마스 64
찰스 1세 50
찰스 2세 50
찰스 5세 55
찰스 9세 54
천년왕국 71, 83, 86
청교도 49, 50, 70, 72
체퍼, 루이스 스페리 85
쳄니츠, 마틴 46
추기경단 29, 43

카니시우스, 피터 53
카다리파 16, 40, 43
카라파, 지오반니(바울 4세) 52
가르타고회의(397) 14
카멜(갈멜) 수도회 39
카미사드 54
카비넌트신학교 89
카이퍼, 아브라함 64
카터렛 조지 70
카트라이트, 토마스, 50
카펠전쟁 55
칼리스투스 2세 43
칼빈, 존 45, 47, 52
칼빈주의 54, 55, 58, 63, 64, 106
칼슈타트, 안드레아스 폰 46
칼케돈회의(451) 21, 23, 27, 32
캐머른, 존 54
캐더린(아라곤) 49
캐사리우스(아를르) 23, 26
캐킬리안 23
캠버슬랑 부흥운동 63
캠벨, 알렉산더 79
캠벨, 토마스 79

커닝햄, 윌리암　108
커버데일, 마일스　49, 106
케리, 윌리암　102
케린투스　7, 16
케사리니, 율리안　43
케춤, 로버트　87
코엘레스티우스　23, 26
코튼, 존　72
코핀, 헨리 슬로운　88
콕, 토마스　62
콘라트 3세　33
콘스탄스회의(1414~1418)　42, 44
콘스탄티노플회의(381)　20, 21, 23, 27
콘스탄티노플회의(553)　27
콘스탄티노플회의(680~681)　27
콘스탄틴　18, 27
콘스탄틴 4세　27
콘스탄틴 6세　27
콘타리니, 가스파로　52
콜럼바　28
콜린스, 안소니　60
콰드라투스　10
쿠, 안톤　54
퀘이커파　70
킹, 한스　68
크라우세르트, 미카엘　71
크라프, 존　103
크랜머, 토마스　47, 49, 53
크로멜, 리차드　51
크로멜, 올리버　50
크로멜, 토마스　49
크리스챤 사이언스　83
크리스챤 4세　55
클라렌든 문서　51
클라팜 모임　65
클레멘트(로마)　9, 17
클레멘트(알렉산드리아)　12
클레멘트 5세　43
클레멘트 7세　42, 52
클레몽 종교회의　34
클로비스　28

클루니 개혁운동　25, 38
클뤼니수도단　38
키프리안　13, 17, 21
킴방구, 시몬　105
킴방기스트 교회　105

타울러, 존　39
타일러, 베네트　79
타티안　10, 11, 16
탠크레드　33
터툴리안　12, 16, 21
테네트, 길버트　74
테네트, 윌리암　74
테레사(아빌라)　39
테오빌루스　10
테일러, 나타니엘 윌리암　79
테일러. 에이켄　87
테일러, 케넷　107
테일러, 허드슨　103
텔레스포루스　17
토레이, 루벤　84
토마스 아 켐피스　38
토퀘마다, 토마스 드　39, 52
톨란드, 존　60
톨레도 종교회의　30
툴가, 체스터　87
튜도, 메리　49, 108
트라얀　9, 17
트래피스트　38
트렌트 종교회의　53
트리바우트(샴파뉴)　33
틴데일, 매튜　60
틴데일, 윌리암　49, 108
틸라, 요한　55
틸리히, 폴　67
팃젠, 존　87

파렐, 귈라움　45, 47
파머, 에드윈　17
파비아누스　107
파스타드, 아더　107

파이우스 4세　68
파이우스 9세　68
파커, 매튜　49, 106
파피아스　9
팔리, 윌리암　61
팔머 에드윈　107
패트릭　28
페르디난드 황제　55
페르비스트, 데오빌　104
페르페투아　17
페이튼, 존　103
페핀　29
페핀의 기증　29
펜, 윌리암　70
펠라기안주의　20, 23, 26, 99
펠라기우스　23, 26, 27
평화주의　71, 77, 83
포스딕, 헤리 에머슨　87, 89
포이시논쟁　47
포티누스　17
폭시, 존　108
폴, 레지날드　53
폴리갑　9, 12
푸칼드, 찰스 유진 드　104
프락세우스　12, 24
프란시스코(아씨시)　39
프란시스코수도단　37, 39, 43, 52, 104
프란즈, 프레드릭　107
프랑케, 아우구스트　62, 65
프레몽수도단　38
프렐링호이젠, 데오도르　74
프레드릭 1세　33
프레드릭 2세　33, 43
프레드릭 5세　55
프린스턴신학교　88
플라벨, 존　51
플라톤　11
플라톤사상　16
플리머스 형제단　65. 85, 106
피니, 찰스　79, 80
피사회의(1409)　42, 43

피크푸스 신부단　104
피터 롬바르드　36
필라델비아성경학교　85
필라기, 피터　43
필로　9
필리오케 논쟁　32, 43
필립(아우구스투스)　33
필립, 헤세　55
필립 2세　55
필립 4세　29
필립 샤프　108

하드리안 황제　10, 17
하르낙, 아돌프 폰　66, 108
하이네만, 바바라　71
하이델베르크 신앙고백서　46
할데인, 로버트　64
할데인, 제임스　64
해리스, 하웰　64
해이스팅스, 셀리나　62
햄프턴회의　106
햇쩌, 루드비히　48
허버트, 에드워드(체버리경)　60
헌팅돈 귀부인 단체　62
헤게시푸스　10
헤겔　66
헤롯 아그립바 1세　7
헤르마스　9
헤른후트　62
헤리스, 윌리암 와데　105
헤리스 크리스찬스　105
헤펠리, 칼　68
헨리, 매튜　51
헨리 4세　29
헨리 8세　46
헬리혜성　105
호노리우스　27
호노리우스 2세　33
호트　106
호시우스　23, 27
호우에, 존　51

홉즈, 토마스   60
홉킨스, 사무엘   80
화이트, 엘렌   82
화체설   31, 41, 43, 44, 56, 68
후스, 존   41, 43, 44
후커, 토마스   72
후터, 야콥   48
후터파   48
후퍼, 존   49
휴(링컨)   39

휴(성 빅토)   36
휴고 드 페이엔스   38
훼이스 신학교   89
휘브마이어, 발트하자르   48
휠록, 엘리저   75
횟필드, 조지   62, 63, 75
히틀러, 아돌프   67
히폴리투스   12, 17
힐데브란트(그레고리 7세)   29
힐러리   18

CHRISTIAN LITERATURE CRUSADE

기독교문서선교회는 청교도적 복음주의신학과 신앙을 선포하는 국제적, 초교파적, 비영리 문서선교기관입니다.

기독교문서선교회는 한국교회를 위한 교육, 전도, 교화에 힘쓰고 있습니다.

만일 당신이 예수 그리스도와 그리스도인의 생활에 대하여 알기를 원하시면 지체말고 서신연락을 주십시오. 주 안에서 기쁜 마음으로 도움을 드리겠습니다.

서울 서초구 방배동 983~2
Tel. 586-8761~3

기독교문서선교회

차트 교회사

Chronological and Background Charts of Church History

1990년 7월 14일 초판 발행
2008년 2월 25일 초판 4쇄

지은이 | 로버트 C. 월톤
옮긴이 | 고 덕 상

펴낸곳 | 사) 기독교문서선교회
등록 | 제16~25호(1980. 1. 18)
주소 | 서울시 서초구 방배동 983-2
전화 | 02) 586-8761~3(본사) 031) 923-8762~3(영업부)
팩스 | 02) 523-0131(본사) 031) 923-8761(영업부)
홈페이지 | www.clcbook.com
이메일 | clc@clcbook.com
온라인 | 기업은행 073-000308-04-020, 국민은행 043-01-0379-646
　　　　　예금주: 사)기독교문서선교회

ISBN 978-89-341-0328-8(93230)

* 낙장 · 파본은 교환해 드립니다.